ESCRITOS FICCIONAIS

Karl Marx

ESCRITOS FICCIONAIS
Escorpião e Félix
Oulanem

Tradução
Claudio Cardinali
Flávio Aguiar
Tercio Redondo

Ilustrações
Gilberto Maringoni

© Boitempo, 2018

Traduzido dos originais em alemão *Scorpion und Felix* e *Oulanem*, em
Karl Marx, *Werke, Artikel, Literarische Versuche bis März 1843*
(MEGA-2 I/1, Berlim, Dietz, 1975), p. 688-703, 649-68.

Direção editorial	Ivana Jinkings
Edição	Bibiana Leme
Coordenação de produção	Livia Campos
Assistência editorial	Artur Renzo e Thaisa Burani
Tradução	Claudio Cardinali, Flávio Aguiar e Tercio Redondo
Revisão	Thaís Nicoleti
Capa e diagramação	Antonio Kehl
Ilustrações de capa e miolo	Gilberto Maringoni

(com exceção da p. 2, com desenho de Karl Marx aos
18 anos feito por Hellmut Bach, em 1953, com base em
detalhe de ilustração de 1836 dos estudantes da
Universidade de Bonn vindos de Trier em frente à
hospedaria Weißes Ross em Godesberg)

Equipe de apoio Allan Jones, Ana Carolina Meira, Ana Yumi Kajiki,
André Albert, Carolina Yassui, Clarissa Lopes, Eduardo Marques,
Elaine Ramos, Frederico Indiani, Heleni Andrade, Isabella Marcatti,
Ivam Oliveira, Kim Doria, Luciana Capelli, Marlene Baptista, Maurício
Barbosa, Renato Soares, Talita Lima, Thaís Barros, Tulio Candiotto

CIP-BRASIL. CATALOGAÇÃO NA PUBLICAÇÃO
SINDICATO NACIONAL DOS EDITORES DE LIVROS, RJ

M355e

Marx, Karl, 1818-1883
Escritos ficcionais : Escorpião e Félix : Oulanem / Karl Marx ; tradução
Claudio Cardinali, Flávio Aguiar, Tercio Redondo. - 1. ed. - São Paulo :
Boitempo, 2018.
: il. (Marx-Engels)

Tradução de: Scorpion und Felix : Oulanem
ISBN 978-85-7559-650-0

1. Ficção alemã. I. Cardinali, Claudio. II. Aguiar, Flávio. III. Redondo,
Tercio. IV. Título. V. Série.

18-51728   CDD: 833
                                                           CDU: 82-3(430)

É vedada a reprodução de qualquer
parte deste livro sem a expressa autorização da editora.

1ª edição: setembro de 2018

BOITEMPO EDITORIAL
Jinkings Editores Associados Ltda.
Rua Pereira Leite, 373
05442-000 São Paulo SP
Tel.: (11) 3875-7250 / 3875-7285
editor@boitempoeditorial.com.br | www.boitempoeditorial.com.br
www.blogdaboitempo.com.br | www.facebook.com/boitempo
www.twitter.com/editoraboitempo | www.youtube.com/tvboitempo

SUMÁRIO

Nota da edição...7

ESCORPIÃO E FÉLIX...9
   Nota do tradutor – *Tercio Redondo*..11

OULANEM 49
   Notas dos tradutores – *Claudio Cardinali e Flávio Aguiar* 51

Cronologia resumida de Marx e Engels...101

Coleção Marx-Engels...116

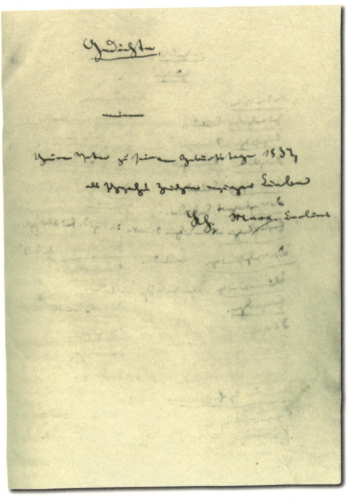

Dedicatória de Karl Marx na capa do caderno que contém os dois textos publicados neste volume: "Poemas ao meu caro pai por ocasião de seu aniversário em 1837".

NOTA DA EDIÇÃO

Neste 25º volume da coleção Marx-Engels, a Boitempo publica dois escritos ficcionais de Karl Marx, *Escorpião e Félix* e *Oulanem*, ambos integrantes do caderno que o autor deu de presente ao pai em seu sexagésimo aniversário, em abril de 1837, e que trazia também poemas[1] e uma dedicatória (ver página ao lado). Indeciso sobre seu futuro literário, o jovem Karl chegou a considerar o caminho da ficção e até da poesia; porém, ao deparar com a filosofia hegeliana, enveredou na investigação social, econômica e política pela qual se tornaria mundialmente conhecido. Tanto o rigor científico como a curiosidade serão motores para que o público brasileiro se interesse por essa produção tão diferente: é um aprofundamento que permite vislumbrar as raízes de suas influências literárias, que o ajudariam a moldar sua escrita irônica, mordaz e sempre muitíssimo bem lapidada. As duas obras, entretanto, não passaram pelo crivo do autor de *O capital*, que nunca chegou a publicá-las. Segundo Michael Heinrich, biógrafo de Marx, "esse caderno só foi descoberto na década de 1920, durante as preparações da MEGA-1 [Marx-Engels-Gesamtausgabe / Edição Completa da Obra de Marx e Engels]". Em carta de 10-11 de novembro de 1837, Marx disse a seu pai:

---

[1] É possível consultar fragmentos de diversos desses poemas em Michael Heinrich, *Karl Marx e o nascimento da sociedade moderna: biografia e desenvolvimento de sua obra*, v. 1: *1818-1841* (trad. Claudio Cardinali, São Paulo, Boitempo, 2018).

Nota da edição

> Mesmo naquele último caderno que lhes enviei, o idealismo se mostrava o tempo todo presente: no humor forçado (*Escorpião e Félix*), em um drama fantástico malsucedido, até chegar a sua completude, tornando-se pura arte formal, quase sempre sem um objeto inspirador, sem uma concatenação dinâmica de ideias.[2]

À parte a opinião de Marx, porém, o contexto, o estilo e a filiação literária desses textos são comentados nas três belas notas dos tradutores, às páginas 11, 51 e 52, e na esclarecedora orelha assinada pelo professor do Instituto de Estudos da Linguagem da Universidade Estadual de Campinas (IEL/Unicamp) Carlos Eduardo Ornelas Berriel. Para a tradução do alemão, esta edição contou com o trabalho meticuloso de três especialistas: em *Escorpião e Félix*, foi utilizada a versão do professor de literatura alemã da Universidade de São Paulo (USP) Tercio Redondo, publicada em 2011 na *Folha de S.Paulo*, revisada e acrescida de notas explicativas por ele especialmente para esta edição; em *Oulanem*, a tarefa coube ao tradutor Claudio Cardinali, responsável pela primeira versão do texto e pelas notas explicativas, e a Flávio Aguiar, professor de literatura brasileira da USP, que adaptou os versos à forma poética. Enriquecem o volume as divertidas ilustrações do cartunista e professor de relações internacionais da Universidade Federal do ABC (UFABC) Gilberto Maringoni.

Quanto aos critérios da edição, a grafia dos numerais e os destaques mantêm-se fiéis ao original (em *Escorpião e Félix*, houve uma pequena adaptação: negritos, sublinhados e aspas são destaques originais do autor; os itálicos, porém, são destaques editoriais).

Neste ano de 2018, em que se comemora o bicentenário de nascimento de Karl Marx, a Boitempo oferece este presente aos leitores e agradece a todos que participaram desta publicação: aos especialistas já citados, aos responsáveis pela revisão e diagramação e à sua equipe interna.

---

[2] "Carta de Karl Marx (em Berlim) a Heinrich Marx (em Trier)", em Michael Heinrich, *Karl Marx e o nascimento da sociedade moderna*, cit., p. 429.

ESCORPIÃO E FÉLIX

NOTA DO TRADUTOR

Marx escreveu *Escorpião e Félix* no início de 1937. Contava dezenove anos e projetava então uma carreira literária em que já figuravam inúmeros poemas e à qual se acrescentaria *Oulanem*, o fragmento dramático que também compõe este pequeno livro. Tendo em mira o idealismo alemão em particular e a vaidade acadêmica em geral, Marx foi buscar em *Tristram Shandy*, o romance satírico de Laurence Sterne, um modelo de prosa humorística que, daí em diante, marcaria indelevelmente seu estilo de escrever. Cinco anos mais tarde, em artigo de estreia na *Rheinische Zeitung* [Gazeta Renana], Marx assinalava sua identificação com o romancista inglês ao comentar os estragos que a censura alemã impunha ao trabalho jornalístico:

> Sou humorista, mas a lei me obriga a escrever de modo sério. Sou atrevido, mas a lei ordena que meu estilo seja discreto. Ademais, se a *seriedade* não se ajusta àquela definição do *Tristram Shandy* – segundo a qual ela é um comportamento farisaico do corpo, destinado a encobrir as deficiências da alma – e passa a significar a seriedade material, suspende-se então a prescrição inteira. Pois trato seriamente o risível quando o trato risivelmente, e a mais séria imodéstia do espírito é ser modesto diante da imodéstia.

Os censores alemães não brincavam em serviço. Gatos bem escaldados, peneiravam também o estilo. Cabia à crítica, portanto, a tarefa de escapar ao faro da vigilância, e, no caso de Marx, a saída se deu justamente por meio de uma intensificação do humor, vale dizer, de seu refinamento. Note-se que Heinrich Heine, seu amigo e,

Nota do tradutor

como ele, também exilado, distinguiu-se nesse quesito, num duelo de duas décadas e meia com o arbítrio das autoridades policiais do outro lado do Reno, tendo se tornado uma fonte de inspiração importante para a prosa do revolucionário de Trier.

A narrativa de Sterne perde-se em infindáveis digressões e, além do uso e abuso das citações e alusões literárias, regala-se na profusa menção a pensadores dos séculos XVII e XVIII. Em *Escorpião e Félix*, Marx adota esse expediente central da sátira sterniana, cabendo aqui destacar um caso emblemático de sua reutilização, muito tempo depois de encerrado o sonho de se tornar ficcionista. Reza o parágrafo de abertura da primeira edição d'*O 18 de brumário*:

> Hegel observa algures que todos os fatos e personagens da história universal ocorrem, por assim dizer, duas vezes. Esqueceu-se de acrescentar: a primeira, como grande tragédia, a segunda como farsa miserável: Caussidière feito Danton, Louis Blanc feito Robespierre, a Montanha de 1848-1851 feito a Montanha de 1793-1795 [...], o 18 Brumário de um idiota feito o 18 Brumário do gênio![1]

Como parte da crítica já anotou, um trecho de *Escorpião*, escrito quinze anos antes, apresenta notável semelhança com o famoso parágrafo, fazendo uso da mesma sequência de pares antinômicos indicadores do processo de decadência e derrisão: "o heroico César deixa atrás de si o ator Otaviano; o imperador Napoleão, o

---

[1] O parágrafo foi depois revisto pelo próprio Marx ao preparar o texto para a edição de 1869, que viria a se consagrar e ser preferencialmente adotada nas edições estrangeiras, como é o caso da bela tradução de Nélio Schneider para a Boitempo: "Em alguma passagem de suas obras, Hegel comenta que todos os grandes fatos e todos os grandes personagens da história mundial são encenados, por assim dizer, duas vezes. Ele se esqueceu de acrescentar: a primeira vez como tragédia, a segunda como farsa. Caussidière como Danton, Louis Blanc como Robespierre, a Montanha de 1848-1851 como a Montanha de 1793-1795, o sobrinho como o tio. E essa mesma caricatura se repete nas circunstâncias que envolvem a reedição do 18 de brumário!"; Karl Marx, *O 18 de brumário de Luís Bonaparte* (São Paulo, Boitempo, 2011), p. 25.

Escritos ficcionais

rei-burguês Luís Filipe; o filósofo Kant, o cavaleiro Krug; o poeta Schiller, o conselheiro da corte Raupach [...]".

O que resta do romance de Marx são uns poucos capítulos, cuja numeração lacunar demonstra ela mesma o caráter fragmentário da obra. Aliás, não se sabe ao certo se os capítulos faltantes chegaram a ser efetivamente escritos. Seja como for, independentemente do modo como Marx poderia ter finalizado o texto e do juízo que tenha feito de seu próprio talento literário, é certo que esse laboratório da linguagem legou-lhe um arsenal de recursos estilísticos nada desprezível, ainda carente de uma investigação aprofundada.

* * *

Esta tradução foi publicada originalmente no caderno Ilustríssima do jornal *Folha de S.Paulo*, em 2011. Aqui, apresenta-se inteiramente revisada e acrescida de um pequeno aparato de notas. Estas procuram oferecer ao leitor informações sumárias sobre alusões literárias e referências a personagens ou episódios históricos que podem não ser reconhecidos de imediato. Cumpre ainda esclarecer que uma parte das notas possui caráter meramente especulativo, surgido nos casos em que não se pôde identificar com precisão o elemento a que o texto alude. Nesse caso, o leitor é advertido de que se trata *provavelmente* ou *talvez* dessa ou daquela obra ou figura histórica. Por outro lado, um reduzido número de passagens foi traduzido de maneira parafrástica ou explicativa, procurando-se com isso garantir uma leitura mais fluente e menos dependente da notação de rodapé. Isso ocorreu sobretudo nos trechos em que Marx faz uma de suas personagens enunciar um festival de asneiras "filológicas", que, à falta do expediente, perderiam completamente o humor e a graça originais. O leitor identificará facilmente tais passagens ao deparar no texto traduzido a reprodução de termos alemães, seguidos de sua "explicação" em português.

Tercio Redondo

Alguns capítulos de
ESCORPIÃO E FÉLIX

Romance humorístico

PRIMEIRO LIVRO

Capítulo 10

Como havíamos prometido no capítulo anterior, segue aqui a comprovação de que a mencionada soma de 25 táleres pertence pessoalmente ao bom Deus.

Esses táleres não têm dono! Sublime pensamento, nenhum poder humano os possui, mas o glorioso poder que navega sobre as nuvens abarca o universo e, portanto, os mencionados 25 táleres. Com suas asas – tecidas com os fios do dia e da noite, do Sol e das estrelas, das gigantescas montanhas e das infindáveis planícies de areia – asas que ressoam como as harmonias e o estrondo de cascatas e chegam ali onde a mão do homem não alcança, esse poder toca os 25 táleres, mas... não posso continuar, estou intimamente abalado, olho para o universo, para mim mesmo e para os 25 táleres; quanta substância nestes três enunciados: seu ponto de vista é a infinitude, soam como a música dos anjos, lembram o Juízo Final e o fisco, uma vez que... foi Margarida, a cozinheira, que Escorpião – estimulado pelas histórias do amigo Félix, arrebatado pela melodia inflamada e subjugado pelos sentimentos juvenis

Karl Marx

do companheiro – estreitou ao coração, supondo que fosse uma fada.

Presumo então que as fadas tenham barba, pois Madalena Margarida, não a Madalena arrependida, qual honrado guerreiro, portava barba e bigode, e tenros fios encaracolavam-se em seu formoso queixo, que – feito um rochedo no mar solitário, de longe contemplado pelos homens – sobressaía na chata panela do rosto, orgulhoso e consciente de sua grandeza, para romper os ares, comover os deuses e emocionar os homens.

Parecia que a deusa da fantasia havia sonhado uma beleza barbada e se perdido nos domínios encantados de seu amplo rosto, mas, ao despertar, era a própria Margarida que sonhara, e eram ruins os seus sonhos: ela era a Grande Meretriz da Babilônia, o Apocalipse de João e a ira de Deus, que deixara um restolhal afiado brotar de sua pele vincada por linhas onduladas a fim de que a beleza não incitasse ao pecado e a virtude fosse preservada, tal como a rosa pelos espinhos, para que o mundo
        compreenda
e não se inflame por ela.

Capítulo 12

"Um cavalo, um cavalo! Meu reino por um cavalo!", dizia Ricardo III[1].

"Um homem, um homem! Eu mesma por um homem!", dizia Margarida.

---

[1] Protagonista da tragédia homônima de William Shakespeare. Despojado de seu cavalo em meio a uma batalha, Ricardo, rei da Inglaterra, profere a frase antes de ser morto pela espada de Richmond, que o sucederá no trono.

Karl Marx

Capítulo 16

"No princípio era o verbo, e o verbo estava com Deus, e o verbo era Deus, e o verbo se fez carne e habitou entre nós, e vimos a sua glória."[2]

Belos e inocentes pensamentos! A associação de ideias levou Margarida mais adiante; ela acreditava que o verbo habitava as coxas. Assim como, na história de Shakespeare, Tersites imagina Ajax[3] com as vísceras na cabeça e a razão na barriga, ela, Margarida, e não Ajax, convenceu-se e compreendeu o modo como o verbo se fez carne; viu nas coxas sua expressão simbólica, contemplou sua glória e resolveu lavá-las.

Capítulo 19

Mas ela tinha grandes olhos azuis, e olhos azuis são triviais como a água do Spree[4].

Desses olhos emana uma tola e saudosa inocência, uma inocência compadecida de si mesma, uma inocência aquosa; quando o fogo se aproxima, ela ascende num vapor cinzento; nada mais se acha por trás desses olhos; seu mundo é todo azul, sua alma, um vapor azulado. Os olhos castanhos, contudo, são um reino ideal; um infinito e gracioso universo noturno aí dormita, emitem raios anímicos, e sua mirada soa como as canções de Mignon[5], como a terna, longínqua e ardente

---

[2] Citação do versículo que abre o Evangelho de João.

[3] Tersites e Ajax são personagens de *Troilo e Créssida*, tragédia de William Shakespeare.

[4] Rio que corta a cidade de Berlim.

[5] Canções de Franz Schubert sobre a personagem do romance *Os anos de aprendizado de Wilhelm Meister*, de J. W. Goethe.

Escorpião e Félix

terra habitada por um próspero deus que se banqueteia de sua própria profundidade e se funda no universo de sua existência, irradiando a infinitude e padecendo a infinitude. Sentimo-nos paralisados por um feitiço, desejamos apertar em nosso peito o melodioso, profundo, inspirado ser, sugar o espírito de seus olhos e fazer canções a partir de seus olhares.

Amamos o mundo rico e agitado que se nos abre; em seu fundo, miramos gigantescos pensamentos solares, pressentimos a existência de um sofrimento demoníaco, e figuras que se movem delicadamente encenam uma dança diante de nós, acenam em nossa direção e retrocedem envergonhadas, como as Graças, assim que as reconhecemos.

Capítulo 21
Reflexões filológicas

Félix desvencilhou-se dos abraços do amigo de maneira nada gentil, pois não percebera o caráter profundo e sensível de suas quimeras e, além disso, estava ocupado em dar continuidade... à digestão, à qual, agora e de uma vez por todas, ordenamos que encerre seu extraordinário mister, pois está impedindo a sequência da ação.

Assim também pensava Merten, pois um violento golpe, sentido por Félix, fora desferido por sua ampla e histórica mão.

O nome <u>Merten</u> lembra Karl Martel, e Félix acreditou ter sido acariciado por um martelo, tal o prazer sentido pelo choque elétrico.

Ele arregalou os olhos, cambaleou e pensou em seus pecados e no Juízo Final.

Karl Marx

Eu, todavia, pensei na matéria elétrica, no galvanismo, na douta carta de Franklin[6] a sua amiga geométrica e em Merten, pois minha curiosidade está extremamente aguçada, desejosa de descobrir o que há por trás desse nome.

Não resta dúvida de que o nome descende em linha direta de Martel: o sacristão garantiu-me isso, embora esse período seja muito contraditório.

O *l* transformou-se num *n*, uma vez que Martel é inglês, como todo conhecedor de história sabe; e em inglês o *a* frequentemente tem o som alemão de "eh", que coincide com o "e" de Merten. Desse modo Merten poderia ser uma outra forma de Martel.

De acordo com o exposto, uma vez que entre os velhos alemães o nome se originava de diversos adjetivos e expressava o caráter de seu portador – como Krug[7], o cavaleiro; Raupach[8], o conselheiro da corte; Hegel[9], o anão –, Merten parece ter sido um homem rico e honesto, embora fosse um alfaiate e nesta história encarne o pai de Escorpião.

O que acabamos de dizer funda uma nova hipótese: em parte porque fora um alfaiate, em parte porque seu filho se chamava Escorpião, parece muito provável que seu nome derive de Mars

---

[6] Trata-se provavelmente de Benjamin Franklin (1706-1790), político, cientista, diplomata e inventor norte-americano que foi também matemático amador e criador de quadrados mágicos.

[7] Wilhelm Traugott Krug (1770-1842), filósofo alemão, sucessor de Kant na Universidade de Königsberg.

[8] Ernst Raupach (1784-1852), escritor alemão, hoje esquecido, aclamado em sua época como sucessor de Friedrich Schiller.

[9] Georg Wilhelm Friedrich Hegel (1770-1831), o mais importante filósofo do idealismo alemão, referência fundamental para o pensamento de Marx. Em certa etapa de sua evolução, é provável que o nome Hegel tenha tido o significado de "homem pequeno".

Escorpião e Félix

[Marte], o deus da guerra (genitivo Martis, acusativo grego Martin, Mertin, Merten), pois o ofício do deus da guerra é o corte, visto que ele corta braços e pernas e destroça a felicidade na Terra.

Além disso o escorpião é um animal venenoso que mata com o olhar; sua picada é fatal, seu olhar, fulminante; é uma graciosa alegoria da guerra, cujo olhar mata e cujo resultado são cicatrizes que sangram internamente e jamais se fecham.

Merten, entretanto, tinha um caráter pouco pagão e, pelo contrário, professava uma fé bastante cristã; desse modo, parece mais provável que descenda de San Martin. Com uma ligeira troca de vogais, chega-se a Mirtan; o *i* soa na fala popular como *e*, como, por exemplo, na locução *"gieb mer"*[10], em vez de *"gieb mir"*, e o *a*, em inglês, como já dissemos, tem frequentemente o som de "eh", transformando-se no decorrer do tempo em *e*, especialmente numa cultura em expansão, e, assim, muito naturalmente, nasceu o nome Merten, com o significado de alfaiate cristão.

Embora essa derivação seja absolutamente provável e esteja muito bem fundamentada, não podemos descartar a existência de outra pessoa, o que muito debilita nossa suposição em torno de San Martin, que, por sua vez, só pode ser lembrado como padroeiro, já que ele, até onde sabemos, jamais se casou, não podendo por isso ter deixado um descendente.

O dilema parece se resolver da seguinte maneira: todos os membros da família Merten tinham em

---

[10] Variante dialetal de *gieb mir*. Trata-se de uma forma hoje arcaica do imperativo do verbo alemão *geben* [dar], expresso na segunda pessoa do singular e seguido pelo pronome *mer* [me]: "dá-me".

Karl Marx

comum com o pároco de Wakefield[11] o fato de que logo se casavam e, muito cedo, de geração em geração, ostentavam a coroa de mirto, que vinha a ser a coroa nupcial. Daí se explica, a não ser que tenha ocorrido um milagre, que Merten tenha nascido e apareça nesta história como o pai de Escorpião.

"Myrthen" perderia forçosamente o "h", uma vez que, ao celebrarmos o *Heirathen*, as bodas, destaca-se na palavra justamente o "Eh", que em alemão significa matrimônio. Vale dizer, o "he" é o elemento que se retira, de modo que Myrthen se transforma em Myrten.

"Y" é um "v" grego e não é letra alemã. Como já se demonstrou, a família Merten era uma velha estirpe genuinamente alemã, sendo ao mesmo tempo uma família de alfaiates muito cristã, de maneira que o "y" estrangeiro e pagão houve de se transformar num germânico "i". Dado, porém, que o casamento fora o elemento dominante na família e que o "i" constitui uma vogal estridente e colérica, em contraste com a ternura e a suavidade dos casamentos realizados no seio daquela gente, a vogal transformou-se em "eh" e, mais tarde, para que a ousada modificação não ficasse demasiado evidente, transformou-se em "e", cuja brevidade alude à firme determinação com que se consumavam os casamentos, e, desse modo, na multívoca palavra alemã "Merten", o termo "Myrthen" atingiu sua forma mais acabada.

---

[11] Referência a *The vicar of Wakefield*, romance do irlandês Oliver Goldsmith (1728-1774). Trata-se da história de Charles Primrose, um pároco de província que é vítima de um embusteiro e perde a maior parte de seu patrimônio. A nova condição de pobreza da família impõe sérios obstáculos às aspirações matrimoniais dos filhos.

Escorpião e Félix

De acordo com essa dedução, poderíamos vincular tanto o alfaiate cristão de San Martin quanto a autêntica coragem de Martel e, mais ainda, a decidida resolução de Mars, o deus da guerra, à abundância de casamentos, coisa que avulta em ambos os *es* de "Merten", de modo que esta hipótese congrega todas as anteriores, ao mesmo tempo que as revoga.

É de opinião diversa o escoliasta que, com grande aplicação e persistente esforço, escreveu comentários sobre o velho historiador cuja obra fomenta nossa história.

Embora não possamos partilhar de sua opinião, ela merece uma apreciação crítica, pois emana do espírito de um homem que juntou sua enorme erudição a uma grande proficiência na produção de fumaça, por envolver os pergaminhos com sacras exalações tabagísticas e enchê-los de oráculos em meio à exaltação pitônica do incenso.

Ele opinava que "Merten" deveria originar-se de "Mehren" e "Meer", que significam respectivamente "aumentar" e "mar", porque os casamentos na família Merten proliferavam como a areia do "mar" e porque, além disso, a ideia de alfaiate está contida na ideia de "Mehrer", de "aumentador", dado que ele faz do macaco um homem. Nosso escoliasta teceu sua hipótese a partir dessas profundas e bem fundamentadas investigações.

Ao ler esses comentários, fiquei vertiginosamente perplexo; o oráculo tabagístico fascinou-me, mas logo a fria e discriminadora razão despertou, e surgiram os argumentos contrários, expostos a seguir.

A ideia de um aumentador, que, se preciso fosse, eu aceitaria ver combinada à ideia de um alfaiate – como quer o escoliasta –, não pode de modo algum ser relacionada à ideia de um diminuidor,

Karl Marx

pois isso constituiria uma *contradictio in terminis*[12] – para as damas: seria o mesmo que confundir Deus com o diabo, uma roda de chá com palestra inteligente, apresentarem-se elas mesmas como filósofas. Se, entretanto, "Merten" derivasse de "Mehrer", a palavra teria perdido um "h", ou seja, não teria aumentado, algo que se revela substancialmente contraditório em relação à sua natureza formal.

Portanto, "Merten" não pode absolutamente derivar de "Mehrer", e que se tenha originado de *Meer* é questão logo desmentida pelo fato de que a família Merten jamais caiu na água e jamais perdeu as estribeiras; pelo contrário, sempre foi uma devota família de alfaiates, fato que contradiz a ideia de um mar revolto, concluindo-se então que o citado autor, a despeito de sua infalibilidade, errou, sendo a nossa dedução a única correta.

Após esta vitória, estou exausto para prosseguir e quero apenas me regalar na ventura da autossatisfação, momento em que, segundo Winckelmann[13], há mais valor do que em toda a glória póstuma, embora eu esteja igualmente seguro dela, assim como Plínio, o Jovem[14].

Capítulo 22

"Quocunque adspicias, nihil est, nisi pontus et aer,
Fluctibus hic tumidis, nubibus ille minax,
Inter utrumque fremunt immani turbine venti,

---

[12] Expressão latina: "contradição nos termos" ou "contradição de termos".

[13] Johann Joachim Winckelmann (1717-1768), historiador da arte e helenista alemão, precursor da moderna arqueologia.

[14] Plínio, o Jovem (61-113), orador, jurista e político romano.

Escorpião e Félix

Nescit cui domino pareat unda maris.
Rector in incerto est, nec quid fugiatve petatve,
Invenit, ambiguis, ars stupet ipsa malis."
"Para onde quer que olhes, verás apenas Escorpião e Merten,
Aquele afogado em lágrimas, este ofuscado pela ira."
"Entre ambos retumba uma infinda torrente de palavras.
O mar revolto não sabe a que senhor obedecer."
"Eu, o reitor, vacilo, e aquilo que deixo, aquilo que escrevo,
Não mais encontro; diante do escândalo a arte se recolhe aos cantos."

Assim, nos *libri tristium*, Ovídio[15] conta a triste história que, como a que narrarei em seguida, seguiu às que a precederam. Como se vê, ele não tinha outro recurso, e eu, de minha parte, narro como segue:

Capítulo 23

Ovídio vivia em Tomis, onde fora lançado pela ira do deus Augusto, pois tinha mais gênio que bom senso[16].
Ali, entre os selvagens bárbaros, fenecia o terno poeta do amor, e o próprio amor o derrubara.

---

[15] Ovídio (43 a.C.-17 ou 18 d.C.), poeta latino, autor, entre outros, das *Metamorfoses*, da *Arte de amar* e das *Tristezas*, os *Libri tristium* mencionados na passagem.

[16] Em 8 d.C., Ovídio foi condenado ao desterro na longínqua Tomis, atual Constança, na Romênia. Cogita-se que a punição se tenha devido sobretudo à sua *Arte de amar*, obra que o imperador Augusto teria considerado imoral.

Karl Marx

Sua cabeça pensativa apoiava-se na mão direita, e o olhar saudoso vagueava pelo Lácio distante. O coração do cantor estava partido e, no entanto, mantinha a esperança, sua lira não podia calar e ele apagava as saudades e a dor com canções melodiosas e docemente expressivas. O vento norte açoitava os membros do frágil ancião, sujeitando-o a estranhos calafrios, pois fora criado na cálida terra do sul; lá sua fantasia havia adornado os ricos e ardorosos festejos com trajes suntuosos, e, quando esses rebentos do gênio se tornavam demasiado livres, a graça sacudia sua divina e velada grinalda por sobre os ombros, de modo que as dobras se abriam, derramando tépidas gotas de orvalho.

"Logo serás cinzas, pobre poeta!", e uma lágrima rolou pela face do velho quando... Merten, profundamente comovido, investiu o poderoso baixo de sua voz contra Escorpião.

Capítulo 27

"Ignorância, desmesurada ignorância!"

"Porque (isto se relaciona a um capítulo anterior) seus joelhos se dobraram mais para certo lado!", mas faltava a certeza, a certeza; e quem pode assegurar, quem pode asseverar qual é o lado direito e qual o esquerdo? Se me disseres, mortal, de onde vem o vento ou então se Deus tem um nariz na fronte, dir-te-ei onde estão o lado direito e o esquerdo.

Beber a loucura e a insensatez no cálice da sabedoria: isso são apenas conceitos relativos!

Ah, terá sido vão todo o nosso esforço e insensata a nossa nostalgia até descobrirmos o que

Escorpião e Félix

sejam direita e esquerda, pois ele disporá os bodes à esquerda e as ovelhas à direita[17].

Caso ele se vire, caso volte-se para outro lado ao sonhar de noite, então, de acordo com nossos miseráveis pontos de vista, os bodes ficarão à direita e os pios à esquerda.

Por isso, se me explicares o que são direita e esquerda, o nó da criação estará desfeito por completo; *Acheronta movebo*[18], deduzirei onde irá parar tua alma, do que deduzirei também em que patamar te encontras, pois aquela relação primordial se tornaria mensurável uma vez que tua posição teria sido determinada pelo Senhor. Tua posição atual, porém, pode ser medida pelo tamanho de tua cabeça. Tenho vertigens; se um Mefistófeles aparecesse, eu seria um Fausto[19], pois, evidentemente, todos somos um Fausto, visto não sabermos qual lado é o direito e qual o esquerdo. Nossa vida, portanto, é um circo; corremos em círculo, procurando pelos lados, até cairmos na areia e o gladiador, a vida, nos abater; precisamos de um novo salvador, pois – excruciante pensamento!,

---

[17] Referência à parábola de Jesus iniciada com as seguintes palavras: "Quando o Filho do homem vier em sua glória, com todos os anjos, ele se assentará em seu trono na glória celestial. Todas as nações serão reunidas diante dele, e ele separará umas das outras como o pastor separa as ovelhas dos bodes. E colocará as ovelhas à sua direita e os bodes à sua esquerda" (Mateus 25:31-3).

[18] Do verso de Virgílio, "*Flectere si nequeo superos, Acheronta movebo*": Se não posso dobrar os de cima [os deuses], moverei o (rio) Aqueronte [o inferno].

[19] Fausto, personagem-título da tragédia de J. W. Goethe, estabeleceu com Mefistófeles, personificação demoníaca, um pacto que lhe garantiu o retorno da juventude e extraordinário conhecimento. Desse modo, "ser um Fausto" é condição que implica, ao mesmo tempo, a amarga consciência da insuficiência humana e a possibilidade de sua superação, ainda que sob o risco de danação da alma.

Karl Marx

roubas-me o sono, roubas-me a saúde, matas-me –
não somos capazes de discriminar entre o lado esquerdo e o direito, não sabemos onde ficam.

Capítulo 28

"É na Lua, evidentemente, que encontraremos
as pedras lunares; no peito das mulheres, a falsidade; no mar, a areia; na terra, as montanhas",
redarguiu um homem que bateu à minha porta e
não esperou ser convidado para entrar.

Rapidamente pus meus papéis de lado e lhe
disse que muito me alegrava o fato de não tê-lo
conhecido antes, pois isso aumentava ainda mais
o prazer em conhecê-lo agora; e disse ainda que
ele ministrava uma grande sabedoria, que sanava
todas as minhas dúvidas. Porém, por mais que eu
falasse a toda pressa, ele falava ainda mais rápido;
tons sibilantes irrompiam por entre seus dentes;
ao examiná-lo mais detidamente, percebi arrepiado que ele parecia um lagarto ressequido, nada
mais que um lagarto que se esgueirara pelas fendas de um muro decaído.

Era atarracado e sua estatura semelhava à do
fogão; seus olhos eram mais verdes que vermelhos
e mais lembravam um alfinete que um raio; ele
mesmo mais parecia um duende que um homem.

Um gênio! Percebi-o imediatamente e com
toda segurança, pois o nariz despontava da face
feito Palas Atena, que brotara da cabeça de Zeus
Pai-Todo-Poderoso, e isso me explicava sua delicada ardência purpúrea, que sugeria uma origem
etérea. Essa cabeça podia ser descrita como calva,

Escorpião e Félix

a não ser que tomássemos por sua cobertura uma espessa camada de unguento que, juntamente com outros produtos atmosféricos e primevos, proliferava naquela montanha primitiva.

Nele tudo indicava elevação e profundidade, mas o formato de seu rosto parecia trair um arquivista, pois as bochechas eram cavadas como tigelas lisas e profundas, protegidas da chuva por ossos tão grandes e protuberantes que aí se podiam depositar papéis e decretos governamentais.

Resumindo, disso tudo depreendemos que ele seria o deus do amor em pessoa, caso não se assemelhasse a si mesmo, que seu nome seria gracioso como o amor, caso não lembrasse bem mais um cipreste.

Pedi que se acalmasse, pois dizia ser um herói. Objetei-lhe modestamente que os heróis apresentavam uma compleição mais fina, que os _Herolde_, ou seja, os arautos, eram donos de uma voz mais singela, menos complexa e mais harmoniosa, e que Hero[20], por fim, era uma beleza transfigurada, uma natureza verdadeiramente bela, na qual a alma e a forma disputavam os atributos da perfeição, não sendo ela, portanto, compatível com o amor de meu visitante.

Ele retrucou dizendo possuirrr uma forte ossatura, uma sssombra tão boa ou até melhor que a de outras pessoas, pois lançava mais sssombra do que luz, que sua noiva podia se refrescarrr e prosperarrr à sua sombra e se tornar ela mesma uma sssombra, que eu era um homem rude, um gê-

---

[20] Hero: sacerdotisa de Afrodite. No parágrafo, observa-se uma série de trocadilhos entre os termos _Heros / Heroen_ (herói / heróis), _Herolde_ (arautos) e Hero, a figura mitológica.

nio de fancaria e um idiota, que ele ssse chamava Engelbert, que ssseu nome sssoava melhorrr que Escorpião, que eu me enganara no capítulo 19, pois os olhos azuis sssão mais belos que os castanhos, que os olhos da pomba são mais espirituosos e que ele mesmo, embora não fosse uma pomba, era sssurdo[21] à razão e que, além disso, apreciava seu direito de primogenitura e possuía um tanque de lavarrr.

"Ela deve unirrr-se a mim em matrimônio e se postarrr à minha direita, e tu deves deixarrr tuas investigações sssobre esquerda e direita; ela mora em frente e não à direita nem à esquerda."

A porta se fechou, uma figura celeste desprendeu-se de minha alma; o encantador colóquio chegara ao fim, mas pelo buraco da fechadura sussurrava uma voz fantasmal: "Klingholz, Klingholz!"[22].

Capítulo 29

Sentei-me pensativo, pus Locke, Fichte e Kant de lado e me entreguei a um exame mais aprofundado para entender que relação poderia haver entre um tanque de lavar e a primogenitura e, de repente, senti como se um raio me atravessasse; os pensamentos se amontoavam e então meus olhos

---

[21] No original, observa-se um trocadilho entre os termos *Taube* (pomba) e *tauber* (surdo).

[22] Engelbert Klingholz é personagem-título de uma balada de Marx, registrada em seus cadernos de 1835-1836. Do mesmo modo que o visitante descrito no capítulo, Klingholz (madeira sonante) é uma figura física e espiritualmente aberrante que se exprime por meio de sinistros sussurros.

Escorpião e Félix

se iluminaram e uma figura radiante se postou diante de mim.

A primogenitura é o tanque de lavar da aristocracia, pois um tanque de lavar serve apenas para lavar. O ato de lavar, porém, alveja e confere um pálido brilho àquilo que foi lavado. Da mesma forma, a primogenitura recobre de prata o filho mais velho da casa, emprestando-lhe assim a

Karl Marx

pálida cor argêntea, enquanto os outros membros da família são oprimidos pela pálida cor romântica da necessidade.

Aquele que se banha nos rios arroja-se contra o elemento revolto, peleja contra sua ira e o faz com braços fortes; aquele, porém, que está no tanque de lavar permanece recluso e contempla apenas os cantos das paredes.

O homem comum, quer dizer, o não primogênito, luta contra a vida furibunda, arroja-se ao mar encapelado e, das profundezas, furta pérolas de direitos prometeicos; a íntima configuração da ideia surge magnificamente diante de seus olhos e ele cria com audácia, mas o primogênito molha-se apenas com uns pingos d'água, receia ter os membros luxados e se acomoda no tanque de lavar.

Achou-se, achou-se a pedra filosofal!

Capítulo 30

Em nossos dias não se pode escrever uma epopeia, como deduzimos dos dois estudos recém--realizados.

Primeiramente, tecemos profundas reflexões sobre os lados direito e esquerdo, despojando, portanto, essas poéticas expressões de sua roupagem poética, assim como fez Apolo com a pele de Marsias[23], e as transformamos numa corporificação da dúvida, no desfigurado babuíno que tem

---

[23] O sátiro Marsias, orgulhoso de seu talento como flautista, desafiou Apolo para uma disputa musical. Ao perder o certame, foi punido pelo deus, que o atou a uma árvore e o esfolou vivo.

Escorpião e Félix

olhos para não ver e é um Argos[24] pelo avesso; este possuía cem olhos para encontrar aquilo que se perdera, mas a dúvida, a infeliz que investe contra o céu, possui cem olhos para tornar não vistas as coisas vistas.

Todavia, o lado, o lugar, é um critério fundamental da poesia épica e, à medida que não há mais lados, como comprovadamente sucede conosco, essa poesia só poderá despertar de seu sono de morte quando o soar das trombetas despertar Jericó.

Além disso, achamos a pedra filosofal, todos a apontam, e eles...

Capítulo 31

Eles, Escorpião e Merten, jaziam no chão, pois a aparição sobrenatural (isto se relaciona a um capítulo anterior) a tal ponto lhes havia abalado os nervos que a força de coesão de seus membros se dissipara no caos da expansão – que, feito o embrião, ainda não se livrara das relações universais para assumir uma forma particular – e assim o nariz de ambos mergulhou no umbigo e a cabeça pousou na terra.

Merten vertia um sangue espesso contendo muito ferro; quanto exatamente eu não saberia dizer, pois a química em geral ainda está pouco desenvolvida.

Especialmente a química orgânica torna-se cada dia mais complexa pela simplificação, visto que diariamente se descobrem novas substâncias elementares, que, em comum com os bispos, têm

---

[24] Argos Panoptes: gigante dotado de múltiplos olhos, fiel servidor de Hera.

Karl Marx

a propriedade de receber nomes de terras pertencentes aos infiéis, estando *in partibus infidelium*[25]. Trata-se de nomes que, além disso, são tão compridos quanto o título de um membro de diversas sociedades científicas e quanto os nomes dos príncipes do Império Alemão, nomes que representam os livres-pensadores entre os nomes porque não se vinculam a nenhuma língua.

Aliás, a química orgânica é um herege que pretende explicar a vida por meio de um processo inanimado! Blasfêmia contra a vida! É como se eu derivasse o amor da álgebra.

Tudo isso está evidentemente fundamentado na doutrina do processo, que ainda não foi suficientemente elaborada e jamais o será, pois se baseia no jogo de cartas, um jogo de puro acaso em que o ás é protagonista.

O ás fundou a moderna jurisprudência, pois certa noite Irnério[26] havia perdido o jogo; vinha ele da companhia de mulheres e estava bem-vestido, portava um fraque azul, sapatos novos com longas fivelas e uma véstia de seda carmesim, e ao se sentar escreveu sobre o ás uma dissertação que o impeliu adiante, de modo que passou a ensinar direito romano.

O direito romano abarca tudo, inclusive a doutrina do processo e a química, pois, como Pacius[27]

---

[25] *In partibus infidelium* (nas terras dos infiéis): expressão latina empregada no título de bispos cuja diocese se perdeu para outra religião, notadamente a mulçumana.

[26] Irnério (*c.* 1050-*c.* 1125), jurista e acadêmico italiano, pioneiro no ensino do direito romano na Idade Média.

[27] Julius Pacius a Beriga (1550-1635), jurista italiano, estudioso de Aristóteles.

Escorpião e Félix

demonstrou, é o microcosmo que se separa do macrocosmo.

Os 4 livros das Instituições[28] são os 4 elementos[29]; os 7 livros das Pandectas[30], os 7 planetas[31]; e os doze livros do Códice[32], os 12 símbolos do zodíaco[33].

Mas nenhum espírito havia penetrado no todo; era antes Margarida, a cozinheira, que chamava para o jantar.

Sob violenta comoção, Escorpião e Merten haviam cerrado os olhos e confundido Margarida com uma fada. Quando se recobraram de seu terror espanhol, que remontava à última derrota e à vitória de Dom Carlos[34], Merten escorou-se em Escorpião e se elevou como um carvalho, pois Ovídio e Moisés disseram que o homem deve mirar as estrelas, e não a terra[35]; mas Escorpião

---

[28] As quatro partes da obra legislativa de Justiniano I, imperador bizantino.

[29] A água, a terra, o fogo e o ar.

[30] Uma das partes que compõem a legislação justiniana, já referida.

[31] Na concepção astronômica da Antiguidade clássica, os astros mantinham-se fixos na abóbada celeste, mas, exceção à regra, havia sete corpos moventes, os *planetas* Marte, Júpiter, Vênus, Saturno, Mercúrio, o Sol e a Lua.

[32] Possível referência ao Códice Florentino, composto de doze volumes.

[33] Os símbolos que representam cada uma das doze partes em que se divide o círculo zodiacal.

[34] Trata-se talvez de uma alusão a Dom Carlos, Príncipe das Astúrias (1545-1568). Herdeiro do trono espanhol, foi aprisionado pelo pai, Filipe II, depois de conspirar contra a Coroa, tendo morrido meio ano depois. O "terror espanhol" pode bem ser uma referência à ameaça representada pela intransigência religiosa de Filipe, que oprimiu o protestantismo holandês e enfrentou militarmente o islã e a Inglaterra reformada.

[35] Nos *Fastos*, obra inacabada, Ovídio trata do calendário romano e suas festividades, referindo-se por diversas vezes ao nascimento e ao lugar ocupado pelas estrelas e suas constelações. A

Karl Marx

agarrou a mão de seu pai e pôs seu próprio corpo numa posição arriscada, firmando-se sobre os próprios pés.

Capítulo 35

"Meu Deus! O alfaiate Merten é uma mão na roda, mas cobra demasiado caro por seus serviços!"

"Vere! beatus Martinus bonus est in auxilio, sed carus in negotio!"[36], exclamou Clóvis após a batalha de Poitiers[37], quando, em Tours, os padres lhe explicaram que fora Merten quem cortara suas calças de montaria, com as quais ele cavalgara o valente rocim que lhe garantira a vitória, e lhe cobraram duzentos florins de ouro pelo serviço do alfaiate.

Mas a história toda se passou assim...

Capítulo 36

Estavam sentados à mesa, Merten à cabeceira, Escorpião à sua direita e Félix, o primeiro oficial, à sua esquerda. Bem afastados, mantendo-se assim uma lacuna entre o príncipe e a plebe, estavam os membros subalternos na estrutura estatal de Merten, chamados comumente de aprendizes.

---

menção a Moisés talvez se deva ao fato de a tradição lhe atribuir a autoria do *Gênesis*. Ocupa lugar central no livro a promessa feita por Deus a Abraão: "Olha agora para o céu, e conta as estrelas, se as podes contar; e acrescentou-lhe: Assim será a tua descendência" (*Gênesis* 15:5b).

[36] A frase precedente, em paródica versão latina.

[37] Referência à Batalha de Vouillé (507 d.C.), ocorrida nas proximidades de Poitiers, na França, quando Clóvis comandou o Exército franco, que bateu os visigodos.

Escorpião e Félix

A lacuna, que nenhum ser humano podia ocupar, não era preenchida pelo espírito de Banquo[38], mas pelo cachorro de Merten, que diariamente devia dar graças à mesa, pois Merten, cultivado nas humanidades, afirmava que seu Bonifácio (assim se chamava o cachorro) era o próprio São Bonifácio, o apóstolo dos alemães[39], referindo-se dessa maneira a uma passagem segundo a qual o santo declarou ser um cão que ladra (Cf. epíst. 105, p. 145, Ed. Seraria). Por isso, Merten tinha uma supersticiosa veneração pelo cachorro, cujo assento era de longe o mais elegante de todos, constituído por um delicado cobertor carmesim da mais fina caxemira, almofadado como um luxuoso sofá e guarnecido de borlas de seda, tendo por alças umas molas engenhosamente interligadas. Assim que a refeição terminava, o assento era levado ao canto solitário de uma alcova afastada, que parecia ser a mesma descrita por Boileau, em seu *Le lutrin*[40], como o templo de repouso do preboste.

Bonifácio não estava em seu lugar, a lacuna estava aberta e a face de Merten descorou-se. "Onde está Bonifácio?", perguntou, com o coração aflito, e toda a mesa se sentiu profundamente abalada. "Onde está Bonifácio?", perguntou mais uma vez, e como se assustou, como estremeceram os seus

---

[38] Em *Macbeth*, tragédia de Shakespeare, Banquo é assassinado, mas seu espírito ressurge num festim e assombra seu algoz, a personagem que dá título à obra.

[39] São Bonifácio (672 ou 673-754 ou 755), bispo em Mainz e em Utrecht, foi o fundador de diversos mosteiros na Alemanha. Em virtude de sua intensa atividade missionária, passou, a partir do século XVI, a ser venerado como "apóstolo dos alemães".

[40] Longo poema épico do escritor francês Nicolas Boileau (1636--1711) que satiriza tendências e modismos literários de seu tempo.

Karl Marx

membros, como se lhe arrepiou o cabelo ao ouvir que Bonifácio estava ausente.

Num átimo, todos saíram à sua procura, ele mesmo parecia ter perdido a fleuma habitual; fez então soar a campainha; Margarida entrou e pressentiu algo ruim, já ia pensando...

"Margarida, onde está Bonifácio?" Ao ouvir a pergunta, ela se acalmou visivelmente, mas ele trombou com os braços na lâmpada e todos se viram envoltos na mais completa escuridão, sobrevindo então uma noite tempestuosa e prenhe de infortúnios.

Capítulo 37

David Hume[41] afirmou que este capítulo é o *locus communis*[42] do anterior e disse isso antes que eu o tivesse escrito. Sua prova consistia no seguinte: uma vez que este capítulo existe, inexiste o anterior; antes, este capítulo expulsou o anterior, do qual se originou, mas não no sentido de uma relação de causa e efeito, pois dela duvidava. Todo gigante, portanto todo capítulo de 20 linhas, deixa atrás de si um anão; todo gênio, um estúpido filisteu; toda agitação no mar, a lama; e, tão logo os primeiros se retiram, os últimos se apresentam, tomam assento à mesa e esticam sem comedimento suas longas pernas.

Os primeiros são demasiado grandes para este mundo; por isso são lançados fora. Os últimos,

---

[41] David Hume (1711-1766), filósofo, economista e historiador escocês, foi o fundador, com John Locke e George Berkeley, do empirismo moderno.

[42] Expressão latina: "lugar-comum".

Karl Marx

porém, deitam raízes e permanecem, como os fatos nos mostram, pois o champanhe deixa um perseverante e repulsivo sabor final; o heroico César[43] deixa atrás de si o ator Otaviano[44]; o imperador Napoleão[45], o rei burguês Luís Filipe[46]; o filósofo Kant[47], o cavaleiro Krug; o poeta Schiller[48], o conselheiro da corte Raupach; o celeste Leibniz[49], o aprendiz Wolff[50]; o cão Bonifácio, este capítulo.

---

[43] Júlio César (100-44 a.C.), militar e político romano, assumiu o controle ditatorial do império em 49 a.C. Medidas populares, em que se incluíam uma reforma agrária e a concessão da cidadania romana a habitantes de várias regiões do império, indispuseram-no com a elite romana num conflito que culminou com seu assassinato em 44 a.C.

[44] Caio Otávio (63 a.C.-14 d.C.), sobrinho-neto de César, que o nomeara sucessor em testamento. Após uma série de sucessos políticos e militares que se seguiram à morte de César, assumiu o controle completo do império em 27 a.C., recebendo então do Senado o título de Augusto.

[45] Napoleão Bonaparte (1769-1821), líder militar e estadista francês. Uma série de vitórias militares, fundamentais para a sobrevivência da Revolução Francesa, abriu-lhe o caminho para, em 1804, tornar-se imperador da França. O gênio militar valeu-lhe também nas guerras que conduziram a França ao domínio de boa parte do continente europeu por cerca de uma década.

[46] Luís Filipe (1773-1850), rei da França de 1830 a 1848. Assumiu a Coroa após a insurreição liberal de 1830, tendo governado como autêntico representante da burguesia. Os últimos anos de seu reinado foram marcados por escândalos de corrupção e se encerraram melancolicamente na Revolução de 1848, que o obrigou a abdicar do trono e buscar refúgio na Inglaterra.

[47] Immanuel Kant (1724-1804), filósofo alemão. Sua *Crítica da razão pura* assinala o início da filosofia moderna.

[48] Friedrich Schiller (1759-1805), filósofo, historiador e escritor alemão, conhecido sobretudo pela obra lírica e teatral. Juntamente com Goethe, constituiu o chamado classicismo alemão, ponto alto da literatura e do pensamento alemão nas últimas décadas do século XVIII e no início do XIX.

[49] Gottfried Wilhelm Leibniz (1646-1716), filósofo, matemático, historiador e diplomata, pensador fundamental do fim do século XVII e início do XVIII, precursor do Iluminismo.

[50] Christian Wolff (1679-1754), filósofo alemão, foi seguidor de Leibniz.

Escorpião e Félix

Assim, as bases cristalizam-se como resíduos, mas o espírito se esfuma.

Capítulo 38

A última frase a respeito das bases era um conceito abstrato, não sendo, portanto, uma mulher, pois "um conceito abstrato e uma mulher são coisas muito distintas, não é mesmo?", proclamou Adelung[51]. Mas eu afirmo o contrário e vou prová-lo cabalmente. Não o farei, contudo, neste capítulo; deixo a questão para um livro não subdividido em capítulos que pretendo escrever tão logo esteja convencido da existência da Santíssima Trindade.

Capítulo 39

Àquele que deseja obter um conceito claro e não abstrato dela – não me refiro à grega Helena[52] nem à romana Lucrécia[53], mas à Santíssima Trindade[54] – <u>não</u> dou outro conselho senão o de

---

[51] Pode se tratar de uma referência a Johann Christoph Adelung (1732-1806), lexicógrafo e germanista alemão. Em virtude da condição fragmentária de *Escorpião e Félix*, é também possível que Adelung tenha sido concebido como personagem do romance, constante em trechos não preservados da obra.

[52] Alusão a Helena de Troia, que, segundo a mitologia grega, era a mulher mais bela em todo o mundo. Seu rapto por Páris, príncipe de Troia, ocasionou a longa guerra entre gregos e troianos narrada na *Ilíada*.

[53] Alusão a Lucrécia Bórgia (1480-1519), filha do papa Alexandre VI. Em virtude dos interesses políticos de sua família, Lucrécia viu-se casada e descasada inúmeras vezes. Relacionamentos extraconjugais e a acusação de incesto e assassinato contribuíram para sua fama de mulher dissoluta.

[54] De acordo com a doutrina cristã, Deus é uno, mas divide-se em três pessoas consubstanciais: o Pai, o Filho e o Espírito Santo. Por

Karl Marx

que **nada** sonhe enquanto **não** houver adormecido. De modo contrário, sugiro que permaneça em vigília no Senhor e investigue este parágrafo, pois nele se encontra o conceito claro. Se nos elevarmos à sua altura, 5 patamares além do ponto onde agora nos encontramos, pairando então como uma nuvem, seremos confrontados pelo gigantesco "<u>não</u>"; se descermos até sua meia altura, seremos assombrados pelo monstruoso "**nada**" e, se mergulharmos até suas profundezas, ambos se reconciliarão harmoniosamente no "**não**", que avança com sua íntegra, audaz e flamejante escritura.

"<u>Não</u>" – "**nada**" – "**não**"

esse é o claro conceito da trindade, mas o abstrato, quem o conceberá? Pois:

"quem é que ascende ao céu e torna a descer?". "Quem apanha o vento em suas mãos?" "Quem recolhe a água em suas vestes?" "Quem estabeleceu os confins do universo?" "Como se chama e qual é o nome de seu filho? Tu o sabes?", indagou Salomão, o sábio.

Capítulo 40

"Não sei onde está, mas isto é certo: um crânio, um crânio!", bradou Merten. Receoso, curvou-se para descobrir no escuro de quem era a cabeça que suas mãos tocavam e, então, recuou como que fulminado, pois os olhos...

---

causa de sua condição feminina e mundana, as figuras de Helena e Lucrécia contribuem para, de maneira contrastante, salientar o caráter masculino e imaculado da Trindade.

Escorpião e Félix

Capítulo 41

Exatamente! Os olhos!

Eles são um magneto e atraem o ferro, daí que nos sintamos atraídos pelas mulheres e não pelo céu, pois as mulheres nos miram com dois olhos e o céu apenas com um.

Capítulo 42

"Provo-lhe o contrário!", disse-me uma voz invisível, e, quando me voltei para ela, contemplei – os senhores não acreditarão em mim, mas garanto, juro que é verdade –, contemplei – não se exaltem nem se espantem, pois não se trata das esposas nem da digestão dos senhores –, contemplei a mim mesmo, porque eu mesmo me oferecera como contraprova.

"Ah! Sou um sósia de mim mesmo!", foi o que me passou pela cabeça, e os *Elixires do diabo*, de Hoffmann[55]...

Capítulo 43

...Estavam sobre a mesa, diante de mim, enquanto eu refletia sobre o porquê de o judeu errante ser um berlinense nato, não um espanhol; percebi, porém, que isso coincidia com a contraprova que eu devia produzir, motivo pelo qual, para sermos precisos... não desejamos fazer nada com eles, contentando-nos, porém, com a observação de

---

[55] *Os elixires do diabo* é o título de um romance fantástico de E. T. A. Hoffmann. Medardo, o protagonista, tem um sósia que ele depara em diversos episódios.

Karl Marx

que o céu está nos olhos das mulheres e de que os olhos delas não estão no céu; daí a constatação de que não são os olhos que nos atraem e sim o céu, pois não contemplamos os olhos, mas o céu que neles se encontra. Se nos atraíssem os olhos e não o céu, então nós nos sentiríamos atraídos pelo céu e não pelas mulheres, pois o céu não tem um olho, como dissemos acima; não tem nenhum. E, no entanto, ele nada mais é que o infinito olhar amoroso da divindade, o terno e melodioso olho do espírito da luz, e um olho não pode ter um olho.

Portanto, o resultado final de nossa investigação é a constatação de que nos sentimos atraídos pelas mulheres e não pelo céu porque não vemos os olhos das mulheres, e sim o céu que neles se encontra, porque nós, por assim dizer, nos sentimos atraídos pelos olhos porque não são olhos e porque Asvero[56], o eterno, é um berlinense nato – é velho e doente e viu muitas terras e olhos e ainda assim continua a se sentir atraído pelas mulheres e não pelo céu – e porque existem apenas dois magnetos: um céu sem olho e um olho sem céu.

Um paira sobre nós e atrai para cima, o outro está abaixo de nós e atrai para as profundezas. Asvero, todavia, é atraído violentamente para baixo. Vagaria ele eternamente pelas terras deste mundo se as coisas ocorressem de outro modo? E vagaria eternamente por essas terras caso não fosse um berlinense nato, acostumado ao chão de areia?

---

[56] Asvero é um dos diversos nomes atribuídos ao "judeu errante", personagem de uma lenda cristã iniciada na Idade Média e dotada de inúmeras variantes. De acordo com ela, Asvero é um judeu que ofendeu ou maltratou Jesus quando este carregava sua cruz rumo ao Calvário. Por causa da ignomínia, foi condenado a vagar pelo mundo, sem descanso, até o final dos tempos.

Escorpião e Félix

Capítulo 44

Segundo fragmento, tirado da carteira de Halto

Vínhamos de uma casa no campo, fazia uma bela noite, imersa em azul profundo. Eras amparada por meu braço, do qual te querias livrar, mas não o permiti, minha mão te prendia como tu prenderas meu coração, e consentiste nisso.

Murmurei palavras cheias de nostalgia e disse as coisas mais belas e elevadas que um mortal pode dizer, pois nada dizia, estava mergulhado em mim mesmo; vi erguer-se um reino cuja atmosfera era a um só tempo suave e pesada, e nessa atmosfera havia uma imagem divina, a beleza encarnada, tal como eu a vislumbrara em sonhos fantásticos, sem reconhecê-la; ela cintilava ao propagar os raios do espírito e sorria, e eras tu a imagem.

Admirei-me de mim mesmo, pois, graças a meu amor, tornara-me grande, gigantesco. Vi um mar infinito, mas ele já não continha o bramido das ondas, dotara-se de profundidade e eternidade, sua superfície era um cristal e seu escuro abismo aprisionava trêmulas estrelas douradas que entoavam canções de amor e irradiavam um forte calor, e o próprio mar se achava aquecido!

Oxalá esse caminho fosse a vida!

Beijei tuas mãos doces e suaves, falei do amor e de ti.

Uma ligeira neblina pairava sobre nossas cabeças; seu coração partiu-se, verteu uma grossa lágrima, que caiu entre nós dois; sentimos, porém, essa lágrima e nos calamos.

Karl Marx

Capítulo 47

"Ou é Bonifácio ou são as pernas de minhas calças!", exclamou Merten. "Luz, digo, luz!", e houve luz. "Por Deus, não são as pernas de minhas calças, mas Bonifácio, acomodado aqui neste canto escuro, e seus olhos ardem num fogo lúgubre, mas... o que vejo?" "Ele sangra", e Merten desmaiou sem dizer mais nada. Os aprendizes viram primeiramente o cão e depois o dono. Finalmente, este se ergueu bruscamente do chão. "O que estão olhando, cretinos? Não percebem que São Bonifácio está ferido? Instituirei uma investigação minuciosa, e, ai, três vezes ai, do culpado! Mas, agora, rápido! Ponham-no em seu assento, chamem o médico da família, tragam vinagre e água morna e não se esqueçam de chamar o mestre--escola Vito. Sua palavra tem muito poder sobre Bonifácio!" Assim, de afogadilho, expediram-se as ordens. Correram todos, porta afora, em todas as direções. Merten examinou mais atentamente Bonifácio, cujos olhos não exibiam um pequeno brilho sequer, e balançou a cabeça inquieto.

"Estamos diante de uma desgraça, de uma grande desgraça. Chamem um sacerdote!"

Capítulo 48

Desesperado, Merten ergueu-se várias vezes enquanto não chegava nenhum daqueles que mandara chamar.

"Pobre Bonifácio! Mas... e se nesse ínterim eu mesmo ministrasse o tratamento? Afinal, estás ardendo em febre, o sangue jorra de tua boca, não queres comer; vejo um violento esforço a se processar em teu ventre, compreendo-te, Bonifácio,

Escorpião e Félix

compreendo-te!", e Margarida entrou trazendo água morna e vinagre. "Margarida! Há quantos dias Bonifácio não evacua? Não te ordenei que lhe fizesse ao menos uma lavagem semanal? Vejo que doravante serei obrigado a assumir pessoalmente os encargos importantes da casa! Traga óleo, sal, farelo, mel e uma seringa para o enema!"

"Pobre Bonifácio! Teus santos pensamentos e reflexões constipam-te, uma vez que não podes exprimi-los pela boca ou pela pena!"

"Ó tu, admirável vítima da profundidade das ideias, ó tu, pia constipação!"

OULANEM

NOTAS DOS TRADUTORES

1.

Ao desafio básico da tradução – em especial da literária –, que tange principalmente a questões linguísticas, somam-se as dificuldades postas pelos respectivos contextos culturais e históricos da produção e recepção de textos. Obviamente, em razão de sua infinidade e mútua determinação, não se pode abarcar todos os fatores constitutivos de um objeto. Estar consciente de que a equivalência total entre o "original" e sua tradução é categoricamente impossível não contradiz o fato de que a tradução seja uma forma legítima e riquíssima de acessar um texto.

Nesse sentido, o desafio posto aqui era o de iluminar, através da língua portuguesa, o máximo de facetas possível deste curioso fragmento literário de Marx. O trabalho a dois – ou seja, a união de conhecimentos e habilidades complementares – é extremamente vantajoso para a tradução, já que ela se torna, dentro dos inevitáveis limites mencionados, mais precisa e mais rica. O resultado é um objeto estético (graças ao trabalho equilibrado e consciente de Flávio Aguiar) e, ao mesmo tempo, um documento histórico que realça determinados traços do "espírito" do jovem filósofo.

Claudio Cardinali

Notas dos tradutores

2.

Traduzir Marx é sempre uma aventura. Ainda mais quando se trata de traduzir o Marx de fora das quatro linhas, isto é, o jovem Marx candidato a poeta, romancista e dramaturgo.

Esse é o Marx que, em torno dos dezenove, vinte anos, ensaiava suas primeiras criações literárias. Trata-se de um escritor inexperiente, mas que define alguns traços que nunca o abandonarão.

É um Marx romântico, por vezes irônico. Seu romantismo, como se evidencia neste primeiro ato de uma peça que deixou inacabada, é de traço escolar. Imagino, seguindo uma linha aberta por vários comentadores, que ele tenha se abeberado do clima romântico que predominava, em torno de 1837, no meio universitário germânico (no caso, prussiano, pois estudava em Berlim nesse momento).

Goethe morrera em 1832; Hölderlin ainda estava vivo, mas em semi-isolamento em Tubinga; Heine já estava exilado em Paris, fugindo da burocrática censura prussiana. Esta atingiria igualmente a publicação em que Marx deu a público seus poemas: a revista *Athenäum*, proibida de circular em 1841. O próprio Marx também se exilaria, primeiro em Paris, depois em Londres.

Marx começou a criar esta peça, que tem o nome de seu projetado protagonista, Oulanem, valendo-se de uma mistura de clima romântico com resquícios do mundo clássico que sobreviveram até o fim do século XVIII e começo do século XIX.

Neste fragmento desenvolve-se um diálogo tenso e agitado com um dos prováveis vilões da peça, o italiano Pertini, e outro com o rival amoroso do jovem Lucindo, protagonista deste ato, que é apresentado como um "bastardo". Mas seu fio principal é o diálogo amoroso entre este último e a personagem Beatrice. Os dois descobrem uma paixão fulminante, mas ao mesmo tempo manifestam a desconfiança de que já se conhecem há tempos. Isso pode apontar para um dos fatores que fizeram Marx qualificar a peça projetada como tragédia:

Escritos ficcionais

algo em torno do "amor impossível" (tema romântico por excelência). Este pode ser um amor contrariado, como no caso de Romeu e Julieta, de Shakespeare, autor valorizado pelos românticos, ou pode ter outros motivos para sua impossibilidade, como a hipótese de descobrirem que seriam irmãos.

Para a adaptação desta tradução, contei com uma primeira versão, literal, feita por Claudio Cardinali. Procurei inspiração em nossos primeiros poetas e dramaturgos do século XIX, escritores de formação clássica que se sentiam na obrigação de serem românticos para "seguir os passos" de sua contemporaneidade.

No fragmento, Marx combinou o verso longo e branco com o verso rimado, usando este último quando os personagens Lucindo e Beatrice, sobretudo, manifestavam sua exaltação amorosa. Tive de tomar muito cuidado, fazendo mesmo certos malabarismos, para respeitar, ao mesmo tempo, o pensamento, o estilo e a inexperiência de Marx quanto à dramaturgia. Também tive de valer-me de certa dose de interpretação, pois, ao escrever em verso, Marx tornou-se elíptico, criando algumas passagens cujo sentido fica subentendido ou até mesmo obscuro.

De qualquer modo, se ainda não estamos diante do estilo brilhante que ele desenvolveria na maturidade, já estamos na presença de um Marx irrequieto, dotando-se dos traços românticos que jamais o abandonariam.

Flávio Aguiar

Cenas de
OULANEM
Uma tragédia

Personagens

OULANEM	Viajante alemão.
LUCINDO	Seu acompanhante.
PERTINI	Morador de uma cidade nas montanhas da Itália.
ALWANDER	Morador da mesma cidade.
BEATRICE	Sua filha adotiva.
WIERIN	————————
PORTO	Um monge.

A cena se passa diante e dentro das casas de Pertini e Alwander e nas montanhas.

PRIMEIRO ATO

Uma cidade nas montanhas

CENA I

Rua. OULANEM, LUCINDO, PERTINI *diante de sua casa.*

PERTINI   Senhores, a cidade está tomada
Por estrangeiros, atraídos por Fama[1],
Admirando as belezas da região.
Assim, ofereço-vos minha morada
Pois não há mais lugar nas hospedarias.
E com minhas fracas forças tudo farei
Para bem vos servir, pois apraz-me
Ter vossa amizade, acreditai, não é adulação.

OULANEM   Então te agradecemos, estranho, mas temo
Que nos tenhas em demasiada conta.

PERTINI   Muito bem, muito bem, mas basta de cumprimentos!

---

[1] Deidade greco-romana que, além de associada – obviamente – à fama e à notoriedade, está ligada ao boato.

Karl Marx

OULANEM	É que desejamos ter aqui uma longa estada.
PERTINI	O dia que nascer sobre vossa ausência Será uma perda para mim.
OULANEM	Mais uma vez te agradecemos, de coração!
PERTINI	*(chamando um rapaz)* Ei, rapaz! Conduz estes senhores para cima,

Oulanem

                A fim de que descansem depois da jornada,
                Ficando a sós em seus aposentos
                Podendo trocar as pesadas roupas de viagem.

OULANEM   Deixamos-te, mas logo voltaremos a ter contigo.
                (Oulanem e Lucindo saem com o rapaz)

PERTINI   *(sozinho; olha com cautela à sua volta)*
                É ele, por Deus, é ele, chegou o dia! Velho amigo,
                Não podemos te esquecer!
                Tampouco esquece

Karl Marx

Minha consciência! Maravilha!
Agora a troco,
Ele agora será, é ele, é Oulanem!
Brindo à tua saúde, minha
consciência, à dele,
Que é e será: Ele, Oulanem que é!
Passaste as noites ao lado de meu
leito,
Adormecias comigo, despertavas
comigo,
Dou meu olho por isto: nós nos
conhecemos,
E sei mais, sei que há outros por
aqui,
Eles também são Oulanem, são
Oulanem!
O nome ressoa como a morte, que
ressoe,
Até expirar com o miserável que o
carrega.
Mas calma! É isto? Ergue-se de
minh'alma,
Claro como a brisa, com a força de
meus ossos,
O juramento que resplandece ante
meus olhos;
Agora sei, e deixarei que ele saiba!
Meu plano está pronto, seu
espírito,
Seu próprio ser és tu mesmo,
Oulanem;
Queres brincar com teu destino,
como um fantoche?
Queres fazer do firmamento um
brinquedo para ti?

Oulanem

Semear estrelas a partir de tua
carcaça rota?
Meu pequeno Deus, desempenha
bem o teu papel,
Mas espera por tua senha – a que
eu te darei!
(entra Lucindo)

CENA II

PERTINI, LUCINDO.

PERTINI   Por que assim tão só, meu jovem
senhor?
LUCINDO   A curiosidade me move, e para o
velho nada há de novo!
PERTINI   O quê? O senhor, um idoso?
LUCINDO   Não, mas, se alguma vez
Minh'alma foi toda tomada por
um desejo,
Um ímpeto avassalou seu âmago
profundo,
Foi o de chamar de pai e ser tido
como filho
Por aquele cujo espírito viril e
apaixonado
Pode sorver mundos inteiros,
aquele que irradia
Do coração o lume dos deuses. Se
não o conhecêsseis,
Não poderíeis imaginar que
alguém assim
Pudesse existir.

Karl Marx

PERTINI	Como é maravilhoso e também delicado Dos cálidos lábios da juventude, cheios de volúpia, Ouvir tão inflamado louvor da idade. Isto soa com a força moral de uma passagem bíblica, Como aquela história da casta Susana, Ou como a parábola do Filho Pródigo. Mas posso ter a ousadia de perguntar-vos se de fato Conheceis esse senhor de quem pareceis ser tão íntimo?
LUCINDO	Pareceis? Então se trata apenas de aparência, ilusão? Acaso odiais a humanidade?
PERTINI	Ora! Ao fim e ao cabo Também sou um ser humano!
LUCINDO	Perdão se vos ofendi! Acolhestes tão bem quem vos era estranho, E quem é amistoso para com o andarilho Tem espírito aberto e não fechado sobre si. Quereis uma resposta, e uma resposta por certo tereis. Um estranho laço de união nos envolve Entrelaçando profundamente nossos corações

Oulanem

	Que, parecendo altos ramos de árvores em chamas,
	Irradiam de seu peito uma luz tão forte,
	Como se demônios imbuídos de sua luz ínfera
	Com carinho nos tivessem aproximado um do outro.
	Assim eu o conheço há muito, muito tempo,
	Tanto tempo que em minha memória resta um sussurro
	Apenas de nosso primeiro encontro. Mas, por Deus,
	Como e por que isto aconteceu Eu já não lembro.
PERTINI	Isto soa deveras romântico, é verdade,
	Mas, meu caro e jovem senhor, apenas ressoa
	Nisto um ruído para encobrir uma demanda.
LUCINDO	Mas eu o juro.
PERTINI	Jura o que, meu senhor?
LUCINDO	Apesar de conhecê-lo, no fundo não o conheço.
	Ele guarda no peito algum segredo
	Que eu desconheço – não conheço... ainda não...
	Tais palavras, eu as repito para mim todo dia, toda hora,
	A tal ponto que eu mesmo me desconheço!
PERTINI	Hum! Isso é grave!

Karl Marx

LUCINDO   Vejo-me assim perdido, tão só!
Não consigo nem mesmo
vangloriar-me
Daquilo que a outros envaidece,
quando falam
De sua estirpe, dos acontecimentos
mais ínfimos
Que o geraram, disso meu coração
nada tem.
Em vez de Lucindo, poderiam
dizer árvore, patíbulo...

PERTINI   Quereis amizade ou até parentesco
Com a forca? Eu tenho a solução!

LUCINDO   *(sério)* Não brinqueis com palavras
ocas,
Se em meu corpo a raiva ferve.

PERTINI   Deixai que a raiva ferva, meu caro,
Até que as borbulhas cessem.

LUCINDO   *(exaltando-se)* O que quereis dizer
com isso?

PERTINI   O quê? Nada!
Vede: eu sou um esquálido filisteu
caseiro,
Um homem que chama cada hora
por seu nome,
Que adormece à noite para
acordar
No dia seguinte e voltar a contar
as horas
Até que tenha contado todas;
então o relógio para
Seu mecanismo e os vermes
assumem os ponteiros;
Assim vamos até o Juízo Final, o
verdadeiro,

Oulanem

Quando Jesus Cristo, tendo o anjo
Gabriel ao lado,
Ler a lista que registra nossos
débitos,
Ditando a sentença com as
trombetas da ira,
E separar-nos para a direita ou
para a esquerda, ·
Seu punho divino desentranhando
nossos segredos
Para mostrar-nos como lobos ou
cordeiros que somos.

LUCINDO   Ele não me chamará, porque nem
nome tenho.

PERTINI   Melhor! É bom ouvir isso vindo de
vós!
Mas vede: como sou um filisteu
caseiro,
Tenho pensamentos caseiros, toco
pensamentos
Por diante enquanto vós burilais
pedra e areia,
Pois me parece que quem não
conheça sua estirpe,
E se descubra em outra, seja enfim
Parte de uma vizinha vara!

LUCINDO   Homem, que foi isso?
Pensai que, logo enegrecido o Sol,
fosca a Lua,
Dele e dela ausente qualquer
centelha de luz,
Então um suspiro – um sopro – a
vida sopesa!

PERTINI   Meu caro! poupai-me de tais
improvisos,

Karl Marx

Crede-me: não padeço de
espasmos nervosos!
De fato, varas laterais podem ser
verdes e com musgos;
Sim, começam a crescer
exuberantes
E com vigor se alçam até o céu
Como se soubessem que brotam
de um regozijo
Ao invés de serem podres frutos
de um pacto servil!
Vede: essas varas vizinhas são
folhetins,
A Natureza é uma poeta, o
Casamento jaz no trono,
Com seu capuz, e mais toda a
parafernália,
Sua face inchada por distorcida
máscara
E a seus pés um pergaminho
empoeirado
Consagrado pelas blasfêmias de
um pároco
Mergulhando por entre as paredes
de uma igreja
Ocupada por um populacho
abobalhado.
Assim, eu elogio as varas laterais!

LUCINDO   *(exaltando-se)* Basta! Basta!
Ora, o que é isso?! O que tu achas?
Fala![2]

---

[2]   Note-se, neste diálogo, que o temperamento de Lucindo se
reflete na decisão de referir-se a Pertini por "tu" [du], quando
furioso, ou "vós" [ihr], quando reconciliador. O mesmo acontece
com Pertini, mas em menor grau.

Karl Marx

Mas, pelo Eterno, eu também vou
falar!
O que pergunto eu? Não ficou
claro à minha frente,
Disto o inferno não mofa, não
cresce ele
Diante de meus olhos, como a
morte árida,
E me observa, e murmura sua
ameaça de tempestades?
Mas, homem, acredita: não foi com
facilidade
Que laçaste a brasa ardente da
vida em meu peito,
Com o punho seco do diabo;
Não penses que jogas dados com
um garoto
E que os podes atirar com força
esmagadora
Sobre a cabeça infantil; de pronto
jogaste a sério
Comigo e somos agora – lembra –
parceiros de jogo.
Tu ficaste logo à vontade; e agora
expõe
Tudo o que pesa nesse teu peito de
víbora.
E, se não passar de suspeita, ou só
escárnio,
Porei tudo de volta por tua
garganta abaixo
E tu mesmo degustarás de teu
próprio veneno,
E aí será minha vez de jogar
contigo. Agora fala, eu ordeno!

Oulanem

PERTINI   Ordenais? Pensais em Mefistófeles
e Fausto,
Fostes fundo demais nisso. Mas
vede:
Eu digo não; deixo isso de ordens
por vossa conta,
E jogo areia sobre vossos olhos
parvos.

LUCINDO   Cuida de ti mesmo e não sopres a
brasa
Com muita força, pois ela vai virar
chama
E te consumirá!

PERTINI   Isso é só palavrório, tudo
palavrório!
O único que ela consumirá sereis
vós mesmos!

LUCINDO   A mim! A mim mesmo! Que seja!
Não ligo para mim.
Mas tu! Eu jogo sobre ti meus
braços cheios de juventude
E eles te apertam convulsivamente
o peito.
O abismo se abre num bocejo e nos
empurra noite adentro
E, se nele cais, eu te sigo sorridente
E te sussurro: "Desçamos juntos,
vamos, camarada!".

PERTINI   Ao que parece, tendes o dom da
fantasia;
Já sonhastes muito em vossa vida?

LUCINDO   Acertastes! Sonhador é o que sou,
um sonhador!
O que posso vir a saber de vós,
que nada sabeis?

Karl Marx

Mal nos vistes, apenas vistes, não
nos conheceis,
E já nos atirais escárnio e
xingamentos;
Por que perder mais tempo? Que
mais podeis me dar?
Nada mais tendes – mas eu tenho
algo para vós –
Deveríeis soltar para mim – a
culpa, o opróbrio, o veneno.
Desenhastes o círculo, mas dois
não cabem nele.
Precisais agora de vossa arte de
saltar;
O que o Destino decidir, que seja,
assim seja!

PERTINI Acaso lestes tal fim em aula para
algum mestre
A partir de um empoeirado livro
de tragédias?

LUCINDO Nós é que encenamos, juntos, uma
tragédia – é fato.
Mas agora vinde, onde, como e
com o que quiserdes!

PERTINI E quando, e para lá e para cá, a
qualquer hora
E nenhures!

LUCINDO Covarde! Não abuses de minhas
palavras
Ou eu te gravo a covardia na testa
E a esbravejo por todas as ruas da
cidade,
E te espanco diante da multidão,
não entendes?
Ousas brincar com uma piada
simplória

Oulanem

	Que enregela o sangue em minhas veias;
	Nenhuma palavra a mais, nenhuma sílaba!
	Obedeças ou não, teu julgamento terminou,
	Covarde, moleque!
PERTINI	*(exaltando-se)* Diga de novo, diga de novo, digo eu, rapaz!
LUCINDO	Se com isto vos divertis, mais mil vezes,
	Se a vossa bílis sobe até derramar-se,
	Até que vossos olhos em fúria cuspam sangue,
	Ora, digo de novo e de novo: covarde, moleque!
PERTINI	Voltaremos a nos falar, gravai em vosso cérebro!
	Se há algum lugar que cria uma liga entre nós
	É o Inferno – o Inferno para vós, não para mim!
LUCINDO	Essas vossas sílabas de que valem? Aqui e agora
	Já está assente; ide para o Inferno, ide
	E dizei aos diabos que eu vos enviei!
PERTINI	De novo, de novo, apenas palavras!
LUCINDO	Nada, de que valem as palavras?
	Eu não vos escuto: soprai bolhas ao vento,
	Modelai vosso rosto de acordo com as palavras,

Karl Marx

	Nada verei. Trazei armas e deixai que falem,

Nada verei. Trazei armas e deixai
que falem,
Porei meu coração inteiro diante
delas,
E, se ele não se romper...
PERTINI (*interrompendo-o*) Não sejas
atrevido, rapaz, não sejas pueril!
Pois tu nada tens para oferecer em
garantia, nada!
Não passas de uma pedra que
desabou da Lua
Na qual alguém rabiscou uma
consoante;
Viste a consoante: ela se chamava
Lucindo.
Olha: não ouso aproximar-me de
tal lousa vazia
E pôr tudo em risco: a mim, minha
honra, a vida.
Queres de meu sangue em teu
balde de pintor?
Devo eu ser o pincel para te dar a
cor e o tom?
Se eu me colocasse diante de ti,
como és,
Isso seria uma situação de todo
desigual, irreal.
Eu sei o que sou, mas tu o que és?
Não te reconheces, nada és, nada
tens para arriscar,
E queres penhorar para comigo,
como um ladrão, uma honra
Que nunca ardeu em teu peito de
bastardo?
Tu enches tua pequenez vazia com
exageros,

Oulanem

	Para enfrentar minha força íntegra, meu amigo? Nada disto! Vai conseguir um nome, honra, uma vida, Coisas que ainda não tens, então porei em risco De bom grado, nome, honra, vida, contra ti!
LUCINDO	Ora, ora, meu caro! Queres te salvar, covarde? Teu cérebro trapalhão, cheio de graçolas, Fez as contas para ti, o engraçadinho, covarde? Mas não te enganes, eu riscarei esse resultado, E em seu lugar escreverei: "covarde". Vou te tratar como se trata um animal furioso, Vou te cobrir de vergonha, perante o mundo inteiro, E então poderás contar, com todos os detalhes, A toda a parentalha, adultos, crianças, qualquer um, Que eu me chamo Lucindo, que não me chamo Lucindo, Que assim me chamam e poderiam me chamar de outro, Que eu ando assim e que poderia andar de jeito diferente, Que não sou como se espera que eu seja: assim seja!

Karl Marx

	Mas que tu, o que quer que fores, não passas de um covarde!
PERTINI	Está bem, muito que bem! Mas como seria
	Se eu pudesse te dar nomes, estás ouvindo, algum nome?
LUCINDO	Tu mesmo não o tens, e queres dar-mo?
	Tu, que acabaste de me ver, e nunca viste,
	E a visão é uma mentira, é o eterno escárnio
	Que nos segue; nós vemos, e ficamos nisso!
PERTINI	Pois bem, e o que ou quem pode entender mais do que a visão?
LUCINDO	Tu és que não;
	Pois vias, em tudo o que vias, teu ser de vilania!
PERTINI	É verdade; a primeira vista não me engana facilmente.
	Mas, sabes, aqui não se trata de primeira vista.
	Acontece que este homem não nasceu ontem!
	E se nós nos conhecêssemos?
LUCINDO	Eu não acredito!
PERTINI	Mas não é verdade que há um poeta maravilhoso
	Que se comporta como uma vaca cega, obscura,
	Em estéticas cismas em horas muito estranhas,
	Que quer fazer da vida não mais que uma rima

Oulanem

	E que afinal poetizou a própria vida?
LUCINDO	Ora, nisto não me enganas: foi por acaso!
PERTINI	Acaso! Assim rezam os textos filosóficos Quando a razão não vem em seu socorro! Este nome também é fruto do acaso: Oulanem. Ele pode ser o nome de quem não teve nome, Ou seja, é apenas acaso se eu o chamo assim!
LUCINDO	Vós o conheceis? Pelos céus, falai, falai!
PERTINI	Sabeis qual a recompensa de um garoto? É o silêncio.
LUCINDO	Meu caro: desgosta-me pedir-vos algo, Mas falai, por tudo aquilo a que dais valor!
PERTINI	Valor? Estou às voltas com o vil metal? Conhecestes hoje que um covarde não ouve súplicas!
LUCINDO	Pois bem, se desejais afastar a pecha de vós, Precisais pôr mãos à obra!
PERTINI	Pois então sois bom o bastante para mim, Eu me levanto, disposto a vos enfrentar!
LUCINDO	Por favor, não me leveis ao extremo, ao lugar

Karl Marx

	Onde os limites se perdem, onde tudo termina!
PERTINI	Vede: se queremos ir até o fim, Pois que assim seja, e seja o que o destino quiser!
LUCINDO	Então não há salvação alguma, em nenhum lugar? O férreo peito, duro, impenetrável, De têmpera ressecada e devastado pelo escárnio, Mistura o veneno e o aplica como se bálsamo fosse, E assim sorri, meu caro, para ti te toca A última hora, assim é, a ela te entrega; Dentro em pouco estarás diante do Juiz, Por isso deixa de lado o fardo da vida Numa derradeira e última boa ação, Aquela palavra que de tão leve e suave Éter parece ser, evanescente!
PERTINI	Caro amigo: foi o acaso! Eu mesmo acredito no acaso, crê em mim!
LUCINDO	Tudo em vão! Tudo – tudo – mas alto lá, fútil portal, Tudo ainda não acabou, por Deus, não, ainda não! Teu olhar tão penetrante mais uma vez se enganou;

Oulanem

	Eu mesmo vou conjurá-lo para vir até aqui,

Eu mesmo vou conjurá-lo para vir
até aqui,
Eu diante dele, face a face, olho no
olho,
E perscruto o teu interior, criança
desenganada,
Não mais me reténs: fora, fora,
moleque!
(sai correndo)

PERTINI   Agora um plano mais alto virá em
teu socorro, rapaz,
Crê-me: o nome Pertini não rima
com esquecimento!

PERTINI   *(chamando)* Ei, Lucindo! Em nome
dos céus, volta!
(Lucindo retorna)

LUCINDO   O que é? Eu já disse: fora!

PERTINI   Ora, honradíssimo,
Vai dizer ao digníssimo senhor
que tivemos uma discussão,
Tu me desafiaste, mas com
bondade,
Sendo uma criança bondosa e
também piedosa!
Depois, arrependido, pediste
perdão e foste perdoado,
Então derrama uma lágrima, beija
aquela mão,
E põe tu mesmo teu
comportamento de novo ereto!

LUCINDO   Tu me ameaças!

PERTINI   Tu mesmo te deixas ser
moralmente ameaçado,
Parece um conto infantil.
Acreditas em Deus?

Karl Marx

LUCINDO	Devo confessar-me a ti?
PERTINI	Não és tu que exiges que eu me confesse a ti?
	Pois bem, posso fazê-lo, mas dize, acreditas em Deus?
LUCINDO	E isso lá te importa?
PERTINI	Ora, ultimamente isso é algo pouco em voga,
	Por isso quero ouvi-lo diretamente de tua boca!
LUCINDO	Não, de acordo com o que se diz ser acreditar,
	Mas o conheço como a mim mesmo.
PERTINI	Bem, assim sendo,
	Para mim também vale esse teu jeito de acreditar;
	E, já que acreditas, perante mim jura por ele!
LUCINDO	Jurar por ele, perante ti? Jurar o quê?
PERTINI	Que tua língua nunca dirá nada,
	Uma única sílaba, de tudo isto aqui!
LUCINDO	Eu juro por Deus!
PERTINI	Então tu, que nutres inimizade por mim e queres vingança,
	Juras que não sou tão mau assim, apenas boquirroto!
LUCINDO	Que eu te adore e valorize com amizade e honra,
	Isto nunca vou jurar, nem por nada deste mundo,
	Muito menos por Deus; mas posso dizer

Oulanem

Que o que passou passou e seja
apagado,
Como um sonho ruim e repulsivo,
Que logo morreu, como acontece
com os sonhos.
Atiro o ao mar do esquecimento,
Isto sim eu juro por aquele que é
sagrado,
Do qual mundos emergem em
círculos ascendentes
E que com seu olhar dá à luz a
eternidade.
Assim juro perante ti, e quero
agora a recompensa!

PERTINI   Vem comigo! Guiar-te-ei até um
lugar silencioso,
Mostrar-te-ei variadas coisas,
desfiladeiros pedregosos,
Com seus lagos vulcânicos
Onde a água repousa em calma;
Onde passaram em silêncio as
estações
Até que chegou a tempestade...

LUCINDO   O quê? Pedras, enseadas, vermes,
lama?
Penhascos e altas escarpas há em
toda parte,
Em todo lugar há fontes
borbulhantes
E que importa se jorram com mais
ou menos força?
Ainda nos resta encontrar lugares
misteriosos
Que nos acorrentem a si, como
escravos banidos;

Karl Marx

	Eles nos miram, isso deixa meu peito em tempestade,
	E, se ele se romper, isso não é nada.
	Assim sendo, guia-me por onde quiseres, ao alvo,
	Assim sendo, deixa de hesitações, vamos, a caminho!
PERTINI	O rápido trovão deve soar até o fim
	Para que o corisco afervente o peito enfim;
	Por isso sei de um lugar aonde devemos ir
	De onde, temo, não terás desejo de sair.
LUCINDO	Seja para onde for, quero começar essa jornada
	Até o seu destino; vamos, enceta a caminhada!
PERTINI	Desconfiança! *(saem ambos)*

CENA III

Salão na casa de Pertini. Oulanem está sozinho, sentado à mesa, escrevendo, com folhas de papel espalhadas ao seu redor. De repente ele se levanta, pondo-se a andar de um lado para o outro, até que para, cruzando os braços.

OULANEM Tudo decai! Chegou o momento,
As Horas[3] se detêm, este universo
anão colapsa!

---

[3] Divindades da mitologia grega que representavam a passagem do tempo organizado em unidades, sendo associadas, muitas vezes, às estações do ano.

Oulanem

Em breve, esmagando a
eternidade de encontro ao peito,
Gritarei nos ouvidos da
humanidade minha maldição!
A eternidade, ora! Ela é apenas
uma dor sem fim,
Uma morte inefável e desmedida!
Uma obra de arte vil, inventada
para nosso escárnio,
Nós, relógios maquinais,
mecanismos cegos
Criados como calendários idiotas
do espaço-tempo,
Para que algo com o nosso ser,
enfim, aconteça,
Para decairmos, a fim de que algo,
enfim, decaia!
Faltava algo ainda a todos estes
mundos,
Este tormento silente da dor que
os revolve
E os faz rodopiar nos ares com sua
força gigantesca.
A morte cobra vida, calça meias e
sapatos,
Jaz na planta que sofre, na erosão
inerme da pedra,
No pássaro que tenta em vão
entoar o canto
Que lamente tudo aquilo que tolha
suas asas.
Todo este abalo, toda esta
discórdia,
Toda esta autodestruição por
injúrias contra si,

Karl Marx

Tudo isto agora se ergue e tem
duas pernas
E um peito para compreender a
maldição da vida!
Ah! Tenho de amarrar-me à roda
de fogo
Com a volúpia de dançar nos anéis
da eternidade!
Se houvesse algo mais além dela,
algo que também devorasse,
Eu nele pularia mesmo que tivesse
de destruir um mundo
Que se interpusesse porventura
entre nós.
Ele iria despedaçar-se de encontro
à maldição infinda
Com meus braços apertando esse
ser insensível
E ele teria de morrer, em silêncio,
abraçado a mim,
E então mergulhar no nada abaixo,
Perecer de todo, não ser, isso seria
uma forma de vida,
Mas a rodopiar tão alto no fluxo
da eternidade,
A bramir melodias de loucura para
o Criador,
Puro escárnio na fronte! O fogo do
Sol o destruiria?
Que maldição presunçosa em alma
exilada à força!
O olhar lança raios venenosos
clamando por aniquilação,
Será capaz de sobrevoar por cima
dos mundos carcereiros?

Oulanem

Amarrado em temor eterno,
fragmentado, vazio,
Amarrado ao marmóreo bloco do
ser,
Amarrado, para sempre amarrado,
para sempre!
Isto os mundos compreendem, e
rolam a esmo,
Entoando seu próprio lamento de
morte;
E nós, meros macacos de um
gélido deus,
Nós ainda nutrimos a víbora em
calor abundante,
Com esforço insano no peito cheio
de amor,
De tal modo que ela cresce
desmesurada, polimorfa,
E nos oferece seu esgar lá de suas
alturas!
E nos nossos ouvidos cheios à
exaustão de asco
Borbulha crepitante a vaga
repulsiva!
Agora, rápido! A sorte está
lançada; tudo pronto,
Destruída está a criação da poética
mentira;
Terminando em maldição o que a
maldição começara.
(senta-se à mesa e escreve)

Karl Marx

CENA IV

Casa de Alwander; no início, diante da casa.
LUCINDO, PERTINI.

LUCINDO	O que vim fazer aqui?
PERTINI	Por um pedaço macio de carne de mulher,
	Eis tudo! E à vossa disposição; depois que ela
	Insuflar calma com suavidade melodiosa em vossa alma,
	Então seguiremos adiante!
LUCINDO	O que, meu caro!? A meretrizes me trazes?
	E logo neste momento, em que toda minha vida
	Me esmaga, caindo sobre meus ombros;
	Em que o peito se infla com força arrasadora,
	Com uma ansiedade desgovernada por autodestruir-se,
	Em que qualquer lufada é para mim um milhar de ventos mortais,
	Logo neste momento, vem-me agora uma mulher!
PERTINI	Ora, ora! O jovem está em ebulição,
	Seu hálito sabe a morte e fogo misturados.
	Meretriz? Ouvi bem, meretriz dissestes?
	Olhai bem esta casa! Parece-vos um bordel?

Oulanem

	Achastes que eu queria caftinar para vós

Achastes que eu queria caftinar
para vós
E usar a própria luz do dia como
lanterna?
Seria muito engraçado! Entrai!
Talvez encontreis
Lá dentro o que desejais.

LUCINDO Vejo bem a cilada
Armada por vós solidamente;
Quereis escapar da mão que vos
detém,
Deveis agradecer este momento
em que terei de obedecer
Mas nada de hesitação: isto poderá
custar-vos a vida!

*Eles entram na casa. Cai o pano. Ao abrir-se a cena,
vê-se um quarto moderno e elegante. Beatrice está
sentada no sofá, com um violão ao lado;* LUCINDO,
PERTINI, BEATRICE.

PERTINI Beatrice, trago aqui comigo
Um jovem viajante, um homem
muito educado,
Que é parente longínquo de meu
sangue!

BEATRICE *(a Lucindo)* Bem-vindo sede!

LUCINDO Perdão se não encontro palavras
Nem linguagem que exprimam
meu assombro;
Tal beleza, de tão rara, abate os
corações,
O sangue pulsa, perturba o
espírito, a palavra falha.

Karl Marx

BEATRICE Que bom, jovem senhor, que
estejais bem-humorado,
E fico grata por vosso bom humor,
não pelo estímulo
Que a natureza perversa me teria
negado
Se apenas vossa boca falasse, não
vosso coração.

LUCINDO Ah, se meu coração pudesse falar,
se ele pudesse
Derramar o que em sua
profundeza despertastes,
Sairiam palavras como melodias
inflamadas
E cada alento valeria uma
eternidade,
A abóbada celeste, um reino
infinito
Onde os pensamentos vivos
coriscam
Tomados pela saudade, plenos de
harmonias,
Selando tudo graciosamente em
vosso peito,
Derramando o brilho etéreo da
beleza,
Pois cada palavra levaria em si
apenas vosso nome!

PERTINI Não leveis a mal, senhorita, se vos
digo
Que ele é alemão e lança sempre
de si
A alma e melodias para todo lado.

BEATRICE Um alemão! Pois muito me
aprazem os alemães;

Oulanem

	Eu mesma posso gabar-me por ser da mesma estirpe.

Sentai aqui, senhor alemão!
(oferece-lhe um lugar no sofá)

LUCINDO — Agradeço-vos, senhorita!
(à parte, furtivamente, para Pertini)
Vamos embora! Já chega; aqui
estou perdido!

BEATRICE — *(encabulada)* Oh, eu falei demais!...
*(Lucindo quer falar, mas Pertini o
impede)*

PERTINI — Ora! Deixai de lado a intromissão
e a adulação;
Não foi nada, Beatrice, ainda há
apenas um negócio
Que devo resolver para esse
senhor.

LUCINDO — *(confuso, em voz baixa)*
O quê, Pertini? Por Deus, brincais
comigo?

PERTINI — *(em voz alta)*
Não vos deixes afligir por isto, não
vos inquieteis!
A senhorita acredita em mim, não
é verdade?
Não é verdade, Beatrice? Ele pode
permanecer aqui
Até que volte; procedei, jovem,
com prudência,
Sois um estrangeiro, mas não um
tolo.

BEATRICE — O que fiz, jovem senhor, ao vos
receber,
Para que pudesseis pensar que eu
seria capaz

Karl Marx

	De expulsar um estrangeiro desta casa, negando teto
	A um amigo do velho amigo Pertini,
	Logo nesta casa que a todos recebe de bom grado;
	Não precisais fazer elogios, mas apenas aceitar.
LUCINDO	Por Deus! Vossa bondade me deixa sem ação!
	Falais com a suavidade que pertence aos anjos,
	Perdoai-me, se eu, tomado por vergonha e exaltação,
	Pelo olvido que a selvagem correnteza provoca,
	Abri a boca quando deveria tê-la fechado;
	Mas olhai para o firmamento, coberto por um puro véu,
	Sorrindo para baixo da altura azul das nuvens;
	Olhai as cores, que brilham docemente, no capuz
	das sombras ou então expostas à plena luz,
	Que se reúnem em brandas melodias, cheias e suaves
	Parecendo animadas pelas imagens mais amáveis;
	Olhai tudo isto e, depois, tentai os lábios silenciar;
	Não conseguireis; há algo ali a vos atrair, vos enfeitiçar!

Oulanem

	A reflexão, ah!, e o cuidado desaparecem

A reflexão, ah!, e o cuidado
desaparecem
Quando o coração sente, os lábios
estremecem
Assim como a cítara eólica
continua soando
Quando Zéfiro[4] com suas asas por
ela vai passando.

BEATRICE Tais lisonjas, meu senhor, eu quero
perdoar
Pois sabeis com doçura tal veneno
administrar.

LUCINDO *(à parte, baixo, para Pertini)*
Vilão maldito e, no entanto, vilão
bondoso!
O que devo fazer? Por Deus,
preciso fugir daqui!

PERTINI *(alto)*
Ele ainda não me tem perdoado
Por ter-lhe, há pouco, a palavra
roubado;
Ele tinha uma fala preparada, de
beleza pura,
Mas eu o interrompi e tirei-lhe a
compostura;
Ora, está tudo bem, Beatrice está
pensando
Que a presenteaste, um outro texto
improvisando;

---

[4] Divindade grega representante do vento do Oeste. Anunciador da primavera, seu temperamento era mais calmo e seus efeitos eram mais benéficos que os de seus irmãos. Tendo em vista esse tom adulador/amoroso de Lucindo, vale destacar que foi Zéfiro, em famoso mito, quem transportou Psiquê ao palácio de Eros.

Karl Marx

	Foi algo bem longo, como as farsas alemãs costumam ser,
	Difíceis de digerir, depois de as ouvir e ver.
	Vou-me!
LUCINDO	*(em voz baixa)* Agora essa, meu caro!
PERTINI	*(alto)* Mas pensai nos humores que simpáticos são
	Que borbulham do estômago e sobem ao coração;
	Eu retornarei em breve e vos levarei a outro lugar
	Pois este lugar cativante demais ireis achar!

Oulanem

	(*à parte, de si para si*) Preciso sair daqui. Ele com sua corte vai prosseguir Mas o velho para estragar tudo há de vir. (*sui*) (*Lucindo fica confuso*)
BEATRICE	Posso convidar-vos novamente a sentar?
LUCINDO	Claro, se assim quiserdes, sento--me aqui ao vosso lado! (*senta-se*)
BEATRICE	O amigo Pertini tem muitas vezes um humor estranho!
LUCINDO	Sim, estranho! De fato, estranho! Estranho, é sim! Estranho! (*pausa*)
LUCINDO	Perdoai a pergunta, senhorita, mas tendes por ele estima?
BEATRICE	Ele é um antigo e fiel frequentador desta casa E sempre foi muito amistoso para comigo; Mas em verdade não sei, não consigo tolerá-lo; Torna-se rude de uma hora para outra, e mostra – Perdoai-me, ele é vosso amigo – algum espírito Secreto em seu peito, de que não gosto. É como se algo sombrio houvesse dentro dele, Algo que, covarde, à vista amável e aberta do dia

Karl Marx

	Não pudesse se exibir; algo pior ainda
	Do que aquilo que sua língua diz, pior talvez
	Do que o seu próprio coração possa imaginar.
	Mas são conjeturas, e não devia tê-las confiado a vós
	Assim tão rápido, pois levanto o veneno da suspeita!
LUCINDO	Estais arrependida, senhorita, porque confiastes em mim?
BEATRICE	Se pelo menos se tratasse de algum segredo sobre mim!...
	Mas, ah!, o que estou dizendo?! Ganhastes o direito
	De que eu confie em vós? Não há nada de mal
	Em ter-vos contado o que eu sei,
	Pois eu poderia ter confiado estas coisas a qualquer um,
	Já que não sei nada além do que todos já sabem.
LUCINDO	Todos e qualquer um! É isso mesmo o que quereis dizer?
BEATRICE	Vós faríeis o mesmo, não é verdade?
LUCINDO	Ó anjo, doce ser!
BEATRICE	Causais-me medo, senhor, o que estais dizendo?
	Pulais muito rápido de uma coisa para outra!
LUCINDO	Tenho de agir rápido, pois a hora está chegando;

Oulanem

Por que hesitar? A cada instante a morte pode sobrevir.
Poderei ocultar isto? É estranho, é incrível,
Mal vos conheci e, por estranho que possa parecer,
Tenho a impressão de que há muito vimos a nos conhecer.
É como se uma velha música que jazia no esquecimento
De repente cobrasse vida retornando-me ao pensamento.
É como um laço espiritual que pálido ficasse
E agora, para nos unir, a cor a ele retornasse!

BEATRICE Não vos vejo como um estranho, não vou mentir,
Mas ainda assim sois um estrangeiro, um desconhecido;
Assim como espíritos obscuros pudessem nos confundir
E, antes de nos vermos, separar--nos tivessem conseguido.
E talvez ainda outros doces enganos ponham-nos perante
Para que nos atraia este laço mágico e distante!
Mas neste ponto deve-se com cautela prosseguir
Pois não é o céu mais negro que o pior raio faz cair!

LUCINDO Ó bela filósofa do coração, por Deus!

Karl Marx

Não consigo resistir, tu me
obrigas, tu!
Não creias que eu não tenha por ti
veneração,
Só porque minhas decisões
ousadas e rápidas são!
O peito explode, os nervos se
rompem,
Eu não posso resistir, logo estarei
longe
Longe daqui, longe de ti, de ti
apartado,
Então, ó mundos, que mergulheis
no abismo!
Perdoa, doce criança, perdoa o
impulso
Que me impõe este frêmito terrível
e convulso;
Eu te amo, Beatrice, eu juro por
Deus,
Amor e Beatrice para mim são o
mesmo som
Para mim são palavras da mesma
sorte
E com tal pensamento eu queria
viver até a morte!

BEATRICE   Deixemos esta conversa de lado,
bem ela não faz.
Já aconteceu, mas vede: ela não
passa de palavras em rima,
E, se a vós por certo meu coração
ela traz,
Logo isto poderia negar-me a
vossa estima.

Oulanem

Pensaríeis: "Ela não passa de mais uma dessas
Que se entregam logo e cheias de pressa".
Enquanto estivesseis entregue a tal pensamento
Meu amor e minha estima
virariam um tormento,
Pois eu deixaria de estar à vossa altura,
Eu mesma dando-me uma repreensão bem dura.

LUCINDO   Ó ser querido, por um espírito exuberante animado,
Quem dera pudesses ler dentro de meu peito exacerbado!
Por Deus, eu nunca amara até agora
Mas com tua acusação jogas este amor fora.
Deixa o vil comerciante às voltas com sua crítica daninha,
Ele só quer aumentar seu lucro com a hesitação mesquinha;
Já o amor vê o todo resumido na unidade,
Nada mais, mais nada, nada, por esperar;
Quem se odeia vê-se tomado pela própria fealdade,
Enquanto o amor sabe guardar-se e como se ofertar.
É uma centelha de luz, que emana de seu próprio ser,

Karl Marx

	Por isso deixemos que ela brilhe a se aquecer,
	Pois a chama do amor, se é rápida em seu passar,
	Também é rápida e viva em seu abençoar.
BEATRICE	Devo eu ousar? Ou devo pôr-me queda?
	Não! Que brilhe bem alta a labareda!
	Mas, ah!, meu coração treme, como se ao amor
	Acompanhasse uma aguda sensação de dor;
	Como se ao nosso enleio viesse ter a zombaria
	Que algum torpe demônio lhe faria.
LUCINDO	É que esta brasa ainda te é desconhecida,
	E a vida antiga nos diz sua despedida;
	Que ela nos abane e dê o seu adeus,
	E nunca mais ouviremos os reclamos seus.
	Mas, Beatrice, como serás minha?
BEATRICE	Meu pai quer me prender a uma pessoa,
	Que eu odiaria se a alguém pudesse odiar;
	Mas com certeza logo ouvirás de mim.
	Onde fica tua morada, meu doce coração?

Oulanem

LUCINDO	Fico na casa de Pertini.
BEATRICE	Enviarei um mensageiro; Mas qual é teu nome, que deve soar-me Como a música das celestes esferas?
LUCINDO	_(sério)_ Meu nome é Lucindo, é!
BEATRICE	Doce Lucindo, Doce me soa teu nome, meu Lucindo, Meu mundo, meu Deus, meu coração, meu tudo!
LUCINDO	Beatrice, tu és tudo isto, e mais Ainda és, e mais que tudo, pois és Beatrice! _(ele lhe dá um abraço ardente; a porta se escancara, entra Wierin)_
WIERIN	Ora, que bonito! Que víbora és, Beatrice! Bonequinha de virtude! Mulher de mármore, isto és!
LUCINDO	O que é isto, hein? O que vens aqui procurar? Por Deus, nunca vi tão belo macaco a passear!
WIERIN	Maldito moleque, isto é o que és, Ainda acertaremos as contas, tu e eu, meu rival, Alguém que tomou odiosamente a forma humana, Um fedelho cheio de vaidade e ousadia, Um mata-borrão onde se esfrega tinta, Um herói feito para uma ridícula comédia!

Karl Marx

LUCINDO	Como eu disse, és um macaco perfeito!
	Devias ter vergonha de trazer tal conflito aqui;
	Tuas palavras soam com um desses órgãos de rua,
	Pintados para simular uma batalha!
	Mas logo a verdadeira vai começar!
WIERIN	Logo, logo, moleque, eu acerto as contas contigo;
	Isto aqui, esta coisa, já me deixa fora de mim!
	Beatrice, eu já toco o estafermo daqui!
LUCINDO	Cala-te, fedelho! Eu te sigo, aqui e agora!
	(entra Pertini)
PERTINI	Que gritaria é esta? Julgai-vos em plena rua?
	(para Wierin) Gritas como uma gralha! Eu te fecho esse bico!
	(à parte, para si mesmo) Eu falei tudo certo, esse sujeito
	É que deve ter entendido algo errado!
	(Beatrice desfalece)
LUCINDO	Ah! Socorro! Ela está caindo, ó Deus!
	(inclinando-se sobre ela)
	Acorda, anjo, minha doce alma, fala!
	(ele a beija)
	Ela arde em febre, agita os olhos, respira!

Oulanem

	Por que fazes isto comigo, Beatrice, por quê? Queres matar-me? Não posso ver-te assim! *(ele a ergue, abraçando-a; Wierin quer atacá-lo, mas Pertini o detém)*
PERTINI	Minha gralha amiga, vem; tenho algo a dizer-te no ouvido!
BEATRICE	*(enfraquecida)* Lucindo, meu Lucindo, ah, eu te perdi, Eu te perdi antes mesmo de ter-te ganho, meu coração!
LUCINDO	Fica tranquila, meu anjo, nada está por se perder, Vou levar-te a um lugar onde tais dores irão desaparecer! *(ele a carrega até o sofá)* Descansa um pouco, mas logo temos de ir, Um lugar sagrado com o pavor não se pode compartir!
WIERIN	Vem comigo! Temos de acertar as contas!
PERTINI	Eu acompanho essa gente! Um único padrinho para um duelo, eis algo diferente!
LUCINDO	Recompõe-te, doce criança, por que tal dor?
BEATRICE	Adeus! Toma cuidado!
LUCINDO	Cuida-te! Adeus!
BEATRICE	*(com um suspiro profundo)* Ah! Meu coração, meu temor!

Cai o pano; fim do primeiro ato.

CRONOLOGIA RESUMIDA DE MARX E ENGELS

	Karl Marx	Friedrich Engels
1818	Em Trier (capital da província alemã do Reno), nasce Karl Marx (5 de maio), o segundo de oito filhos de Heinrich Marx e de Enriqueta Pressburg. Trier na época era influenciada pelo liberalismo revolucionário francês e pela reação ao Antigo Regime, vinda da Prússia.	
1820		Nasce Friedrich Engels (28 de novembro), primeiro dos oito filhos de Friedrich Engels e Elizabeth Franziska Mauritia van Haar, em Barmen, Alemanha. Cresce no seio de uma família de industriais religiosa e conservadora.
1824	O pai de Marx, nascido Hirschel, advogado e conselheiro de Justiça, é obrigado a abandonar o judaísmo por motivos profissionais e políticos (os judeus estavam proibidos de ocupar cargos públicos na Renânia). Marx entra para o Ginásio de Trier (outubro).	
1830	Inicia seus estudos no Liceu Friedrich Wilhelm, em Trier.	
1834		Engels ingressa, em outubro, no Ginásio de Elberfeld.
1835	Escreve *Reflexões de um jovem perante a escolha de sua profissão*. Presta exame final de bacharelado em Trier (24 de setembro). Inscreve-se na Universidade de Bonn.	

Cronologia resumida de Marx e Engels

	Karl Marx	Friedrich Engels
1836	Estuda Direito na Universidade de Bonn. Participa do Clube de Poetas e de associações de estudantes. No verão, fica noivo em segredo de Jenny von Westphalen, sua vizinha em Trier. Em razão da oposição entre as famílias, casar-se-iam apenas sete anos depois. Matricula-se na Universidade de Berlim.	Na juventude, fica impressionado com a miséria em que vivem os trabalhadores das fábricas de sua família. Escreve *Poema*.
1837	Transfere-se para a Universidade de Berlim e estuda com mestres como Gans e Savigny. Escreve *Canções selvagens* e *Transformações*. Em carta ao pai, descreve sua relação contraditória com o hegelianismo, doutrina predominante na época.	Por insistência do pai, Engels deixa o ginásio e começa a trabalhar nos negócios da família. Escreve *História de um pirata*.
1838	Entra para o Clube dos Doutores, encabeçado por Bruno Bauer. Perde o interesse pelo Direito e entrega-se com paixão ao estudo da filosofia, o que lhe compromete a saúde. Morre seu pai.	Estuda comércio em Bremen. Começa a escrever ensaios literários e sociopolíticos, poemas e panfletos filosóficos em periódicos como o *Hamburg Journal* e o *Telegraph für Deutschland*, entre eles o poema "O beduíno" (setembro), sobre o espírito da liberdade.
1839		Escreve o primeiro trabalho de envergadura, *Briefe aus dem Wupperthal* [Cartas de Wupperthal], sobre a vida operária em Barmen e na vizinha Elberfeld (*Telegraph für Deutschland*, primavera). Outros viriam, como *Literatura popular alemã*, *Karl Beck* e *Memorabilia de Immermann*. Estuda a filosofia de Hegel.
1840	K. F. Koeppen dedica a Marx seu estudo *Friedrich der Grosse und seine Widersacher* [Frederico, o Grande, e seus adversários].	Engels publica *Réquiem para o Aldeszeitung alemão* (abril), *Vida literária moderna*, no *Mitternachtzeitung* (março--maio) e *Cidade natal de Siegfried* (dezembro).
1841	Com uma tese sobre as diferenças entre as filosofias de Demócrito e Epicuro, Marx recebe em Iena o título de doutor em Filosofia (15 de abril). Volta a Trier. Bruno Bauer, acusado de ateísmo,	Publica *Ernst Moritz Arndt*. Seu pai o obriga a deixar a escola de comércio para dirigir os negócios da família. Engels prosseguiria sozinho seus estudos de filosofia, religião,

Escritos ficcionais

Karl Marx	Friedrich Engels
é expulso da cátedra de Teologia da Universidade de Bonn, com isso Marx perde a oportunidade de atuar como docente nessa universidade.	literatura e política. Presta o serviço militar em Berlim por um ano. Frequenta a Universidade de Berlim como ouvinte e conhece os jovens hegelianos. Critica intensamente o conservadorismo na figura de Schelling, com os escritos *Schelling em Hegel, Schelling e a revelação* e *Schelling, filósofo em Cristo.*

| 1842 | Elabora seus primeiros trabalhos como publicista. Começa a colaborar com o jornal *Rheinische Zeitung* [Gazeta Renana], publicação da burguesia em Colônia, do qual mais tarde seria redator. Conhece Engels, que na ocasião visitava o jornal. | Em Manchester assume a fiação do pai, a Ermen & Engels. Conhece Mary Burns, jovem trabalhadora irlandesa, que viveria com ele até a morte. Mary e a irmã Lizzie mostram a Engels as dificuldades da vida operária, e ele inicia estudos sobre os efeitos do capitalismo no operariado inglês. Publica artigos no *Rheinische Zeitung*, entre eles "Crítica às leis de imprensa prussianas" e "Centralização e liberdade". |

| 1843 | Sob o regime prussiano, é fechado o *Rheinische Zeitung*. Marx casa-se com Jenny von Westphalen. Recusa convite do governo prussiano para ser redator no diário oficial. Passa a lua de mel em Kreuznach, onde se dedica ao estudo de diversos autores, com destaque para Hegel. Redige os manuscritos que viriam a ser conhecidos como *Crítica da filosofia do direito de Hegel* [*Zur Kritik der Hegelschen Rechtsphilosophie*]. Em outubro vai a Paris, onde Moses Hess e George Herwegh o apresentam às sociedades secretas socialistas e comunistas e às associações operárias alemãs. Conclui *Sobre a questão judaica* [*Zur Judenfrage*]. Substitui Arnold Ruge na direção dos *Deutsch- -Französische Jahrbücher* [Anais Franco-Alemães]. Em dezembro inicia grande amizade com Heinrich Heine e conclui sua | Engels escreve, com Edgar Bauer, o poema satírico "Como a Bíblia escapa milagrosamente a um atentado impudente ou O triunfo da fé", contra o obscurantismo religioso. O jornal *Schweuzerisher Republicaner* publica suas "Cartas de Londres". Em Bradford, conhece o poeta G. Weerth. Começa a escrever para a imprensa cartista. Mantém contato com a Liga dos Justos. Ao longo desse período, suas cartas à irmã favorita, Marie, revelam seu amor pela natureza e por música, livros, pintura, viagens, esporte, vinho, cerveja e tabaco. |

Cronologia resumida de Marx e Engels

Karl Marx	Friedrich Engels
"Crítica da filosofia do direito de Hegel – Introdução" [*Zur Kritik der Hegelschen Rechtsphilosophie – Einleitung*].	

1844 — Em colaboração com Arnold Ruge, elabora e publica o primeiro e único volume dos *Deutsch-Französische Jahrbücher*, no qual participa com dois artigos: "A questão judaica" e "Introdução a uma crítica da filosofia do direito de Hegel". Escreve os *Manuscritos econômico-filosóficos* [*Ökonomisch-philosophische Manuskripte*]. Colabora com o *Vorwärts!* [Avante!], órgão de imprensa dos operários alemães na emigração. Conhece a Liga dos Justos, fundada por Weitling. Amigo de Heine, Leroux, Blanc, Proudhon e Bakunin, inicia em Paris estreita amizade com Engels. Nasce Jenny, primeira filha de Marx. Rompe com Ruge e desliga-se dos *Deutsch--Französische Jahrbücher*. O governo decreta a prisão de Marx, Ruge, Heine e Bernays pela colaboração nos *Deutsch-Französische Jahrbücher*. Encontra Engels em Paris e em dez dias planejam seu primeiro trabalho juntos, *A sagrada família* [*Die heilige Familie*]. Marx publica no *Vorwärts!* artigo sobre a greve na Silésia.

Em fevereiro, Engels publica *Esboço para uma crítica da economia política* [*Umrisse zu einer Kritik der Nationalökonomie*], texto que influenciou profundamente Marx. Segue à frente dos negócios do pai, escreve para os *Deutsch-Französische Jahrbücher* e colabora com o jornal *Vorwärts!*. Deixa Manchester. Em Paris torna-se amigo de Marx, com quem desenvolve atividades militantes, o que os leva a criar laços cada vez mais profundos com as organizações de trabalhadores de Paris e Bruxelas. Vai para Barmen.

1845 — Por causa do artigo sobre a greve na Silésia, a pedido do governo prussiano Marx é expulso da França, juntamente com Bakunin, Bürgers e Bornstedt. Muda-se para Bruxelas e, em colaboração com Engels, escreve e publica em Frankfurt *A sagrada família*. Ambos começam a escrever *A ideologia alemã* [*Die deutsche Ideologie*] e Marx elabora "As teses sobre Feuerbach" [*Thesen über Feuerbach*]. Em setembro nasce Laura, segunda filha de Marx e Jenny. Em dezembro, ele renuncia à nacionalidade prussiana.

As observações de Engels sobre a classe trabalhadora de Manchester, feitas anos antes, formam a base de uma de suas obras principais, *A situação da classe trabalhadora na Inglaterra* [*Die Lage der arbeitenden Klasse in England*] (publicada primeiramente em alemão; a edição seria traduzida para o inglês 40 anos mais tarde). Em Barmen organiza debates sobre as ideias comunistas junto com Hess e profere os *Discursos de Elberfeld*. Em abril sai de Barmen e encontra Marx em Bruxelas. Juntos, estudam economia e

Escritos ficcionais

Karl Marx	Friedrich Engels
	fazem uma breve visita a Manchester (julho e agosto), onde percorrem alguns jornais locais, como o *Manchester Guardian* e o *Volunteer Journal for Lancashire and Cheshire*. Lançada *A situação da classe trabalhadora na Inglaterra*, em Leipzig. Começa sua vida em comum com Mary Burns.

1846

Marx e Engels organizam em Bruxelas o primeiro Comitê de Correspondência da Liga dos Justos, uma rede de correspondentes comunistas em diversos países, a qual Proudhon se nega a integrar. Em carta a Annenkov, Marx critica o recém-publicado *Sistema das contradições econômicas ou Filosofia da miséria* [*Système des contradictions économiques ou Philosophie de la misère*], de Proudhon. Redige com Engels a *Zirkular gegen Kriege* [Circular contra Kriege], crítica a um alemão emigrado dono de um periódico socialista em Nova York. Por falta de editor, Marx e Engels desistem de publicar *A ideologia alemã* (a obra só seria publicada em 1932, na União Soviética). Em dezembro nasce Edgar, o terceiro filho de Marx.

Seguindo instruções do Comitê de Bruxelas, Engels estabelece estreitos contatos com socialistas e comunistas franceses. No outono, ele se desloca para Paris com a incumbência de estabelecer novos comitês de correspondência. Participa de um encontro de trabalhadores alemães em Paris, propagando ideias comunistas e discorrendo sobre a utopia de Proudhon e o socialismo real de Karl Grün.

1847

Filia-se à Liga dos Justos, em seguida nomeada Liga dos Comunistas. Realiza-se o primeiro congresso da associação em Londres (junho), ocasião em que se encomenda a Marx e Engels um manifesto dos comunistas. Eles participam do congresso de trabalhadores alemães em Bruxelas e, juntos, fundam a Associação Operária Alemã de Bruxelas. Marx é eleito vice-presidente da Associação Democrática. Conclui e publica a edição francesa de *Miséria da filosofia* [*Misère de la philosophie*] (Bruxelas, julho).

Engels viaja a Londres e participa com Marx do I Congresso da Liga dos Justos. Publica *Princípios do comunismo* [*Grundsätze des Kommunismus*], uma "versão preliminar" do *Manifesto Comunista* [*Manifest der Kommunistischen Partei*]. Em Bruxelas, junto com Marx, participa da reunião da Associação Democrática, voltando em seguida a Paris para mais uma série de encontros. Depois de atividades em Londres, volta a Bruxelas e escreve, com Marx, o *Manifesto Comunista*.

Cronologia resumida de Marx e Engels

Karl Marx	**Friedrich Engels**
1848 Marx discursa sobre o livre--cambismo numa das reuniões da Associação Democrática. Com Engels publica, em Londres (fevereiro), o *Manifesto Comunista*. O governo revolucionário francês, por meio de Ferdinand Flocon, convida Marx a morar em Paris depois que o governo belga o expulsa de Bruxelas. Redige com Engels "Reivindicações do Partido Comunista da Alemanha" [*Forderungen der Kommunistischen Partei in Deutschland*] e organiza o regresso dos membros alemães da Liga dos Comunistas à pátria. Com sua família e com Engels, muda-se em fins de maio para Colônia, onde ambos fundam o jornal *Neue Rheinische Zeitung* [Nova Gazeta Renana], cuja primeira edição é publicada em 1º de junho com o subtítulo *Organ der Demokratie*. Marx começa a dirigir a Associação Operária de Colônia e acusa a burguesia alemã de traição. Proclama o terrorismo revolucionário como único meio de amenizar "as dores de parto" da nova sociedade. Conclama ao boicote fiscal e à resistência armada.	Expulso da França por suas atividades políticas, chega a Bruxelas no fim de janeiro. Juntamente com Marx, toma parte na insurreição alemã, de cuja derrota falaria quatro anos depois em *Revolução e contrarrevolução na Alemanha* [*Revolution und Konterevolution in Deutschland*]. Engels exerce o cargo de editor do *Neue Rheinische Zeitung*, recém--criado por ele e Marx. Participa, em setembro, do Comitê de Segurança Pública criado para rechaçar a contrarrevolução, durante grande ato popular promovido pelo *Neue Rheinische Zeitung*. O periódico sofre suspensões, mas prossegue ativo. Procurado pela polícia, tenta se exilar na Bélgica, onde é preso e depois expulso. Muda-se para a Suíça.
1849 Marx e Engels são absolvidos em processo por participação nos distúrbios de Colônia (ataques a autoridades publicados no *Neue Rheinische Zeitung*). Ambos defendem a liberdade de imprensa na Alemanha. Marx é convidado a deixar o país, mas ainda publicaria *Trabalho assalariado e capital* [*Lohnarbeit und Kapital*]. O periódico, em difícil situação, é extinto (maio). Marx, em condição financeira precária (vende os próprios móveis para pagar as dívidas), tenta voltar a Paris, mas, impedido de ficar, é obrigado a deixar a cidade em 24 horas. Graças a uma campanha de arrecadação de fundos promovida por Ferdinand Lassalle na Alemanha, Marx se estabelece com a família em Londres, onde nasce Guido, seu quarto filho (novembro).	Em janeiro, Engels retorna a Colônia. Em maio, toma parte militarmente na resistência à reação. À frente de um batalhão de operários, entra em Elberfeld, motivo pelo qual sofre sanções legais por parte das autoridades prussianas, enquanto Marx é convidado a deixar o país. Publicado o último número do *Neue Rheinische Zeitung*. Marx e Engels vão para o sudoeste da Alemanha, onde Engels envolve-se no levante de Baden--Palatinado, antes de seguir para Londres.

Escritos ficcionais

	Karl Marx	Friedrich Engels
1850	Ainda em dificuldades financeiras, organiza a ajuda aos emigrados alemães. A Liga dos Comunistas reorganiza as sessões locais e é fundada a Sociedade Universal dos Comunistas Revolucionários, cuja liderança logo se fraciona. Edita em Londres a *Neue Rheinische Zeitung* [Nova Gazeta Renana], revista de economia política, bem como *Lutas de classe na França* [*Die Klassenkämpfe in Frankreich*]. Morre o filho Guido.	Publica *A guerra dos camponeses na Alemanha* [*Der deutsche Bauernkrieg*]. Em novembro, retorna a Manchester, onde viverá por vinte anos, e às suas atividades na Ermen & Engels; o êxito nos negócios possibilita ajudas financeiras a Marx.
1851	Continua em dificuldades, mas, graças ao êxito dos negócios de Engels em Manchester, conta com ajuda financeira. Dedica-se intensamente aos estudos de economia na biblioteca do Museu Britânico. Aceita o convite de trabalho do *New York Daily Tribune*, mas é Engels quem envia os primeiros textos, intitulados "Contrarrevolução na Alemanha", publicados sob a assinatura de Marx. Hermann Becker publica em Colônia o primeiro e único tomo dos *Ensaios escolhidos de Marx*. Nasce Francisca (28 de março), quinta de seus filhos.	Engels, juntamente com Marx, começa a colaborar com o Movimento Cartista [Chartist Movement]. Estuda língua, história e literatura eslava e russa.
1852	Envia ao periódico *Die Revolution*, de Nova York, uma série de artigos sobre *O 18 de brumário de Luís Bonaparte* [*Der achtzehnte Brumaire des Louis Bonaparte*]. Sua proposta de dissolução da Liga dos Comunistas é acolhida. A difícil situação financeira é amenizada com o trabalho para o *New York Daily Tribune*. Morre a filha Francisca, nascida um ano antes.	Publica *Revolução e contrarrevolução na Alemanha* [*Revolution und Konterevolution in Deutschland*]. Com Marx, elabora o panfleto *O grande homem do exílio* [*Die grossen Männer des Exils*] e uma obra, hoje desaparecida, chamada *Os grandes homens oficiais da Emigração*; nela, atacam os dirigentes burgueses da emigração em Londres e defendem os revolucionários de 1848-1849. Expõem, em cartas e artigos conjuntos, os planos do governo, da polícia e do judiciário prussianos, textos que teriam grande repercussão.

Cronologia resumida de Marx e Engels

Karl Marx	Friedrich Engels
1853 Marx escreve, tanto para o *New York Daily Tribune* quanto para o *People's Paper*, inúmeros artigos sobre temas da época. Sua precária saúde o impede de voltar aos estudos econômicos interrompidos no ano anterior, o que faria somente em 1857. Retoma a correspondência com Lassalle.	Escreve artigos para o *New York Daily Tribune*. Estuda o persa e a história dos países orientais. Publica, com Marx, artigos sobre a Guerra da Crimeia.
1854 Continua colaborando com o *New York Daily Tribune*, dessa vez com artigos sobre a revolução espanhola.	
1855 Começa a escrever para o *Neue Oder Zeitung*, de Breslau, e segue como colaborador do *New York Daily Tribune*. Em 16 de janeiro nasce Eleanor, sua sexta filha, e em 6 de abril morre Edgar, o terceiro.	Escreve uma série de artigos para o periódico *Putman*.
1856 Ganha a vida redigindo artigos para jornais. Discursa sobre o progresso técnico e a revolução proletária em uma festa do *People's Paper*. Estuda a história e a civilização dos povos eslavos. A esposa Jenny recebe uma herança da mãe, o que permite que a família mude para um apartamento mais confortável.	Acompanhado da mulher, Mary Burns, Engels visita a terra natal dela, a Irlanda.
1857 Retoma os estudos sobre economia política, por considerar iminente nova crise econômica europeia. Fica no Museu Britânico das nove da manhã às sete da noite e trabalha madrugada adentro. Só descansa quando adoece e aos domingos, nos passeios com a família em Hampstead. O médico o proíbe de trabalhar à noite. Começa a redigir os manuscritos que viriam a ser conhecidos como *Grundrisse der Kritik der Politischen Ökonomie* [Esboços de uma crítica da economia política], e que servirão de base à obra *Para a crítica da economia política* [*Zur Kritik der Politischen Ökonomie*]. Escreve a célebre *Introdução de 1857*. Continua a colaborar no *New York Daily Tribune*. Escreve	Adoece gravemente em maio. Analisa a situação no Oriente Médio, estuda a questão eslava e aprofunda suas reflexões sobre temas militares. Sua contribuição para a *New American Encyclopaedia* [Nova Enciclopédia Americana], versando sobre as guerras, faz de Engels um continuador de Von Clausewitz e um precursor de Lenin e Mao Tsé-Tung. Continua trocando cartas com Marx, discorrendo sobre a crise na Europa e nos Estados Unidos.

Escritos ficcionais

Karl Marx	Friedrich Engels
artigos sobre Jean-Baptiste Bernadotte, Simón Bolívar, Gebhard Blücher e outros na *New American Encyclopaedia* [Nova Enciclopédia Americana]. Atravessa um novo período de dificuldades financeiras e tem um novo filho, natimorto.	

	Karl Marx	Friedrich Engels
1858	O *New York Daily Tribune* deixa de publicar alguns de seus artigos. Marx dedica-se à leitura de *Ciência da lógica* [*Wissenschaft der Logik*] de Hegel. Agravam-se os problemas de saúde e a penúria.	Engels dedica-se ao estudo das ciências naturais.
1859	Publica em Berlim *Para a crítica da economia política*. A obra só não fora publicada antes porque não havia dinheiro para postar o original. Marx comentaria: "Seguramente é a primeira vez que alguém escreve sobre o dinheiro com tanta falta dele". O livro, muito esperado, foi um fracasso. Nem seus companheiros mais entusiastas, como Liebknecht e Lassalle, o compreenderam. Escreve mais artigos no *New York Daily Tribune*. Começa a colaborar com o periódico londrino *Das Volk*, contra o grupo de Edgar Bauer. Marx polemiza com Karl Vogt (a quem acusa de ser subsidiado pelo bonapartismo), Blind e Freiligrath.	Faz uma análise, junto com Marx, da teoria revolucionária e suas táticas, publicada em coluna do *Das Volk*. Escreve o artigo "Po und Rhein" [Pó e Reno], em que analisa o bonapartismo e as lutas liberais na Alemanha e na Itália. Enquanto isso, estuda gótico e inglês arcaico. Em dezembro, lê o recém-publicado *A origem das espécies* [*The Origin of Species*], de Darwin.
1860	Vogt começa uma série de calúnias contra Marx, e as querelas chegam aos tribunais de Berlim e Londres. Marx escreve *Herr Vogt* [Senhor Vogt].	Engels vai a Barmen para o sepultamento de seu pai (20 de março). Publica a brochura *Savoia, Nice e o Reno* [*Savoyen, Nizza und der Rhein*], polemizando com Lassalle. Continua escrevendo para vários periódicos, entre eles o *Allgemeine Militar Zeitung*. Contribui com artigos sobre o conflito de secessão nos Estados Unidos no *New York Daily Tribune* e no jornal liberal *Die Presse*.
1861	Enfermo e depauperado, Marx vai à Holanda, onde o tio Lion Philiph concorda em adiantar-lhe uma quantia, por conta da herança de sua mãe. Volta a Berlim e projeta	

Cronologia resumida de Marx e Engels

Karl Marx	Friedrich Engels
com Lassalle um novo periódico. Reencontra velhos amigos e visita a mãe em Trier. Não consegue recuperar a nacionalidade prussiana. Regressa a Londres e participa de uma ação em favor da libertação de Blanqui. Retoma seus trabalhos científicos e a colaboração com o *New York Daily Tribune* e o *Die Presse* de Viena.	

1862 Trabalha o ano inteiro em sua obra científica e encontra-se várias vezes com Lassalle para discutirem seus projetos. Em suas cartas a Engels, desenvolve uma crítica à teoria ricardiana sobre a renda da terra. O *New York Daily Tribune*, justificando-se com a situação econômica interna norte-americana, dispensa os serviços de Marx, o que reduz ainda mais seus rendimentos. Viaja à Holanda e a Trier, e novas solicitações ao tio e à mãe são negadas. De volta a Londres, tenta um cargo de escrevente da ferrovia, mas é reprovado por causa da caligrafia.

1863	
Marx continua seus estudos no Museu Britânico e se dedica também à matemática. Começa a redação definitiva de *O capital* [*Das Kapital*] e participa de ações pela independência da Polônia. Morre sua mãe (novembro), deixando-lhe algum dinheiro como herança.	Morre, em Manchester, Mary Burns, companheira de Engels (6 de janeiro). Ele permaneceria morando com a cunhada Lizzie. Esboça, mas não conclui, um texto sobre rebeliões camponesas.

1864	
Malgrado a saúde, continua a trabalhar em sua obra científica. É convidado a substituir Lassalle (morto em duelo) na Associação Geral dos Operários Alemães. O cargo, entretanto, é ocupado por Becker. Apresenta o projeto e o estatuto de uma Associação Internacional dos Trabalhadores, durante encontro internacional no Saint Martin's Hall de Londres. Marx elabora o Manifesto de Inauguração da Associação Internacional dos Trabalhadores.	Engels participa da fundação da Associação Internacional dos Trabalhadores, depois conhecida como a Primeira Internacional. Torna-se coproprietário da Ermen & Engels. No segundo semestre, contribui, com Marx, para o *Sozial-Demokrat*, periódico da social-democracia alemã que populariza as ideias da Internacional na Alemanha.

	Karl Marx	Friedrich Engels
1865	Conclui a primeira redação de *O capital* e participa do Conselho Central da Internacional (setembro), em Londres. Marx escreve *Salário, preço e lucro* [*Lohn, Preis und Profit*]. Publica no *Sozial-Demokrat* uma biografia de Proudhon, morto recentemente. Conhece o socialista francês Paul Lafargue, seu futuro genro.	Recebe Marx em Manchester. Ambos rompem com Schweitzer, diretor do *Sozial-Demokrat*, por sua orientação lassalliana. Suas conversas sobre o movimento da classe trabalhadora na Alemanha resultam em artigo para a imprensa. Engels publica *A questão militar na Prússia e o Partido Operário Alemão* [*Die preussische Militärfrage und die deutsche Arbeiterpartei*].
1866	Apesar dos intermináveis problemas financeiros e de saúde, Marx conclui a redação do primeiro livro de *O capital*. Prepara a pauta do primeiro Congresso da Internacional e as teses do Conselho Central. Pronuncia discurso sobre a situação na Polônia.	Escreve a Marx sobre os trabalhadores emigrados da Alemanha e pede a intervenção do Conselho Geral da Internacional.
1867	O editor Otto Meissner publica, em Hamburgo, o primeiro volume de *O capital*. Os problemas de Marx o impedem de prosseguir no projeto. Redige instruções para Wilhelm Liebknecht, recém-ingressado na Dieta prussiana como representante social-democrata.	Engels estreita relações com os revolucionários alemães, especialmente Liebknecht e Bebel. Envia carta de congratulações a Marx pela publicação do primeiro volume de *O capital*. Estuda as novas descobertas da química e escreve artigos e matérias sobre *O capital*, com fins de divulgação.
1868	Piora o estado de saúde de Marx, e Engels continua ajudando-o financeiramente. Marx elabora estudos sobre as formas primitivas de propriedade comunal, em especial sobre o *mir* russo. Corresponde-se com o russo Danielson e lê Dühring. Bakunin se declara discípulo de Marx e funda a Aliança Internacional da Social-Democracia. Casamento da filha Laura com Lafargue.	Engels elabora uma sinopse do primeiro volume de *O capital*.

Cronologia resumida de Marx e Engels

Karl Marx	Friedrich Engels
1869 Liebknecht e Bebel fundam o Partido Operário Social-Democrata alemão, de linha marxista. Marx, fugindo das polícias da Europa continental, passa a viver em Londres, com a família, na mais absoluta miséria. Continua os trabalhos para o segundo livro de *O capital*. Vai a Paris sob nome falso, onde permanece algum tempo na casa de Laura e Lafargue. Mais tarde, acompanhado da filha Jenny, visita Kugelmann em Hannover. Estuda russo e a história da Irlanda. Corresponde-se com De Paepe sobre o proudhonismo e concede uma entrevista ao sindicalista Haman sobre a importância da organização dos trabalhadores.	Em Manchester, dissolve a empresa Ermen & Engels, que havia assumido após a morte do pai. Com um soldo anual de 350 libras, auxilia Marx e sua família; com ele, mantém intensa correspondência. Começa a contribuir com o *Volksstaat*, o órgão de imprensa do Partido Social-Democrata alemão. Escreve uma pequena biografia de Marx, publicada no *Die Zukunft* (julho). Lançada a primeira edição russa do *Manifesto Comunista*. Em setembro, acompanhado de Lizzie, Marx e Eleanor, visita a Irlanda.
1870 Continua interessado na situação russa e em seu movimento revolucionário. Em Genebra instala-se uma seção russa da Internacional, na qual se acentua a oposição entre Bakunin e Marx, que redige e distribui uma circular confidencial sobre as atividades dos bakunistas e sua aliança. Redige o primeiro comunicado da Internacional sobre a guerra franco-prussiana e exerce, a partir do Conselho Central, uma grande atividade em favor da República francesa. Por meio de Serrailler, envia instruções para os membros da Internacional presos em Paris. A filha Jenny colabora com Marx em artigos para *A Marselhesa* sobre a repressão dos irlandeses por policiais britânicos.	Engels escreve *História da Irlanda* [*Die Geschichte Irlands*]. Começa a colaborar com o periódico inglês *Pall Mall Gazette*, discorrendo sobre a guerra franco-prussiana. Deixa Manchester em setembro, acompanhado de Lizzie, e instala-se em Londres para promover a causa comunista. Lá continua escrevendo para o *Pall Mall Gazette*, dessa vez sobre o desenvolvimento das oposições. É eleito por unanimidade para o Conselho Geral da Primeira Internacional. O contato com o mundo do trabalho permitiu a Engels analisar, em profundidade, as formas de desenvolvimento do modo de produção capitalista. Suas conclusões seriam utilizadas por Marx em *O capital*.
1871 Atua na Internacional em prol da Comuna de Paris. Instrui Frankel e Varlin e redige o folheto *Der Bürgerkrieg in Frankreich* [*A guerra civil na França*]. É violentamente atacado pela imprensa conservadora. Em setembro, durante a Internacional	Prossegue suas atividades no Conselho Geral e atua junto à Comuna de Paris, que instaura um governo operário na capital francesa entre 26 de março e 28 de maio. Participa com Marx da Conferência de Londres da Internacional.

Escritos ficcionais

Karl Marx	Friedrich Engels
em Londres, é reeleito secretário da seção russa. Revisa o primeiro volume de *O capital* para a segunda edição alemã.	

	Karl Marx	Friedrich Engels
1872	Acerta a primeira edição francesa de *O capital* e recebe exemplares da primeira edição russa, lançada em 27 de março. Participa dos preparativos do V Congresso da Internacional em Haia, quando se decide a transferência do Conselho Geral da organização para Nova York. Jenny, a filha mais velha, casa-se com o socialista Charles Longuet.	Redige com Marx uma circular confidencial sobre supostos conflitos internos da Internacional, envolvendo bakunistas na Suíça, intitulado *As pretensas cisões na Internacional* [*Die angeblichen Spaltungen in der Internationale*]. Ambos intervêm contra o lassalianismo na social-democracia alemã e escrevem um prefácio para a nova edição alemã do *Manifesto Comunista*. Engels participa do Congresso da Associação Internacional dos Trabalhadores.
1873	Impressa a segunda edição de *O capital* em Hamburgo. Marx envia exemplares a Darwin e Spencer. Por ordens de seu médico, é proibido de realizar qualquer tipo de trabalho.	Com Marx, escreve para periódicos italianos uma série de artigos sobre as teorias anarquistas e o movimento das classes trabalhadoras.
1874	Negada a Marx a cidadania inglesa, "por não ter sido fiel ao rei". Com a filha Eleanor, viaja a Karlsbad para tratar da saúde numa estação de águas.	Prepara a terceira edição de *A guerra dos camponeses alemães*.
1875	Continua seus estudos sobre a Rússia. Redige observações ao Programa de Gotha, da social-democracia alemã.	Por iniciativa de Engels, é publicada *Crítica do Programa de Gotha* [*Kritik des Gothaer Programms*], de Marx.
1876	Continua o estudo sobre as formas primitivas de propriedade na Rússia. Volta com Eleanor a Karlsbad para tratamento.	Elabora escritos contra Dühring, discorrendo sobre a teoria marxista, publicados inicialmente no *Vorwärts!* e transformados em livro posteriormente.
1877	Marx participa de campanha na imprensa contra a política de Gladstone em relação à Rússia e trabalha no segundo volume de *O capital*. Acometido novamente de insônias e transtornos nervosos, viaja com a esposa e a filha Eleanor para descansar em Neuenahr e na Floresta Negra.	Conta com a colaboração de Marx na redação final do *Anti-Dühring* [*Herrn Eugen Dühring's Umwälzung der Wissenschaft*]. O amigo colabora com o capítulo 10 da parte 2 ("Da história crítica"), discorrendo sobre a economia política.

Cronologia resumida de Marx e Engels

Karl Marx	Friedrich Engels
1878 Paralelamente ao segundo volume de *O capital*, Marx trabalha na investigação sobre a comuna rural russa, complementada com estudos de geologia. Dedica-se também à *Questão do Oriente* e participa de campanha contra Bismarck e Lothar Bücher.	Publica o *Anti-Dühring* e, atendendo a pedido de Wolhelm Bracke feito um ano antes, publica pequena biografia de Marx, intitulada *Karl Marx*. Morre Lizzie.
1879 Marx trabalha nos volumes II e III de *O capital*.	
1880 Elabora um projeto de pesquisa a ser executado pelo Partido Operário francês. Torna-se amigo de Hyndman. Ataca o oportunismo do periódico *Sozial-Demokrat* alemão, dirigido por Liebknecht. Escreve as *Randglossen zu Adolph Wagners Lehrbuch der politischen Ökonomie* [Glosas marginais ao tratado de economia política de Adolph Wagner]. Bebel, Bernstein e Singer visitam Marx em Londres.	Engels lança uma edição especial de três capítulos do *Anti-Dühring*, sob o título *Socialismo utópico e científico* [*Die Entwicklung des Socialismus Von der Utopie zur Wissenschaft*]. Marx escreve o prefácio do livro. Engels estabelece relações com Kautsky e conhece Bernstein.
1881 Prossegue os contatos com os grupos revolucionários russos e mantém correspondência com Zasulitch, Danielson e Nieuwenhuis. Recebe a visita de Kautsky. Jenny, sua esposa, adoece. O casal vai a Argenteuil visitar a filha Jenny e Longuet. Morre Jenny Marx.	Enquanto prossegue em suas atividades políticas, estuda a história da Alemanha e prepara *Labor Standard*, um diário dos sindicatos ingleses. Escreve um obituário pela morte de Jenny Marx (8 de dezembro).
1882 Continua as leituras sobre os problemas agrários da Rússia. Acometido de pleurisia, visita a filha Jenny em Argenteuil. Por prescrição médica, viaja pelo Mediterrâneo e pela Suíça. Lê sobre física e matemática.	Redige com Marx um novo prefácio para a edição russa do *Manifesto Comunista*.
1883 A filha Jenny morre em Paris (janeiro). Deprimido e muito enfermo, com problemas respiratórios, Marx morre em Londres, em 14 de março. É sepultado no Cemitério de Highgate.	Começa a esboçar *A dialética da natureza* [*Dialektik der Natur*], publicada postumamente em 1927. Escreve outro obituário, dessa vez para a filha de Marx, Jenny. No sepultamento de Marx, profere o que ficaria conhecido como *Discurso diante da sepultura de Marx* [*Das Begräbnis von Karl Marx*]. Após a morte do amigo, publica uma edição inglesa do primeiro

Escritos ficcionais

Karl Marx	Friedrich Engels
	volume de *O capital*; imediatamente depois, prefacia a terceira edição alemã da obra, e já começa a preparar o segundo volume.
1884	Publica *A origem da família, da propriedade privada e do Estado* [*Der Ursprung der Familie, des Privateigentum und des Staates*].
1885	Editado por Engels, é publicado o segundo volume de *O capital*.
1887	Karl Kautsky conclui o artigo "O socialismo jurídico", resposta de Engels a um livro do jurista Anton Menger, e o publica sem assinatura na *Neue Zeit*.
1894	Também editado por Engels, é publicado o terceiro volume de *O capital*. O mundo acadêmico ignorou a obra por muito tempo, embora os principais grupos políticos logo tenham começado a estudá-la. Engels publica os textos *Contribuição à história do cristianismo primitivo* [*Zur Geschischte des Urchristentums*] e *A questão camponesa na França e na Alemanha* [*Die Bauernfrage in Frankreich und Deutschland*].
1895	Redige uma nova introdução para *As lutas de classes na França*. Após longo tratamento médico, Engels morre em Londres (5 de agosto). Suas cinzas são lançadas ao mar em Eastbourne. Dedicou-se até o fim da vida a completar e traduzir a obra de Marx, ofuscando a si próprio e a sua obra em favor do que ele considerava a causa mais importante.

COLEÇÃO MARX-ENGELS

O 18 de brumário de Luís Bonaparte
Karl Marx
Tradução de Nélio Schneider
Prólogo de Herbert Marcuse
Orelha de Ruy Braga

Anti-Dühring : a revolução da ciência
segundo o senhor Eugen Dühring
Friedrich Engels
Tradução de Nélio Schneider
Apresentação de José Paulo Netto
Orelha de Camila Moreno

O capital: crítica da economia política
Livro I: *O processo de produção do capital*
Karl Marx
Tradução de Rubens Enderle
Textos introdutórios de José Arthur Gianotti,
Louis Althusser e Jacob Gorender
Orelha de Francisco de Oliveira

O capital: crítica da economia política
Livro II: *O processo de circulação do capital*
Karl Marx
Edição de Friedrich Engels
Seleção de textos extras e tradução de Rubens Enderle
Prefácio de Michael Heinrich
Orelha de Ricardo Antunes

O capital: crítica da economia política
Livro III: *O processo global da produção capitalista*
Karl Marx
Edição de Friedrich Engels
Tradução de Rubens Enderle
Apresentação de Marcelo Dias Carcanholo
e Rosa Luxemburgo
Orelha de Sara Granemann

Crítica da filosofia do direito de Hegel
Karl Marx
Tradução de Rubens Enderle
e Leonardo de Deus
Prefácio de Alysson Leandro Mascaro

Crítica do Programa de Gotha
Karl Marx
Tradução de Rubens Enderle
Prefácio de Michael Löwy
Orelha de Virgínia Fontes

Escritos ficcionais

*Os despossuídos: debates sobre a lei
referente ao furto de madeira*
Karl Marx
Tradução de **Mariana Echalar** e **Nélio Schneider**
Prefácio de **Daniel Bensaïd**
Orelha de **Ricardo Prestes Pazello**

*Diferença entre a filosofia da natureza
de Demócrito e a de Epicuro*
Karl Marx
Tradução de **Nélio Schneider**
Apresentação de **Ana Selva Albinati**
Orelha de **Rodnei Nascimento**

*Grundrisse: manuscritos econômicos de 1857-1858 –
Esboços da crítica da economia política*
Karl Marx
Tradução de **Mario Duayer** e **Nélio Schneider**,
com **Alice Helga Werner** e **Rudiger Hoffman**
Apresentação de **Mario Duayer**
Orelha de **Jorge Grespan**

A guerra civil na França
Karl Marx
Tradução de **Rubens Enderle**
Apresentação de **Antonio Rago Filho**
Orelha de **Lincoln Secco**

A ideologia alemã
Karl Marx e Friedrich Engels
Tradução de **Rubens Enderle**, Nélio
Schneider e **Luciano Martorano**
Apresentação de **Emir Sader**
Orelha de **Leandro Konder**

Lutas de classes na Alemanha
Karl Marx e Friedrich Engels
Tradução de **Nélio Schneider**
Prefácio de **Michael Löwy**
Orelha de **Ivo Tonet**

As lutas de classes na França de 1848 a 1850
Karl Marx
Tradução de **Nélio Schneider**
Prefácio de **Friedrich Engels**
Orelha de **Caio Navarro de Toledo**

Lutas de classes na Rússia
Textos de **Karl Marx** e **Friedrich Engels**
Organização e introdução de **Michael Löwy**
Tradução de **Nélio Schneider**
Orelha de **Milton Pinheiro**

Coleção Marx-Engels

Manifesto Comunista
Karl Marx e **Friedrich Engels**
Tradução de **Ivana Jinkings** e **Álvaro Pina**
Introdução de **Osvaldo Coggiola**
Orelha de **Michael Löwy**

Manuscritos econômico-filosóficos
Karl Marx
Tradução e apresentação de **Jesus Ranieri**
Orelha de **Michael Löwy**

*Miséria da filosofia: resposta à Filosofia
da Miséria, do sr. Proudhon*
Karl Marx
Tradução de **José Paulo Netto**
Orelha de **João Antônio de Paula**

*A sagrada família : ou A crítica da Crítica
crítica contra Bruno Bauer e consortes*
Karl Marx e **Friedrich Engels**
Tradução de **Marcelo Backes**
Orelha de **Leandro Konder**

A situação da classe trabalhadora na Inglaterra
Friedrich Engels
Tradução de **B. A. Schumann**
Apresentação de **José Paulo Netto**
Orelha de **Ricardo Antunes**

Sobre a questão da moradia
Friedrich Engels
Tradução de **Nélio Schneider**
Orelha de **Guilherme Boulos**

Sobre a questão judaica
Karl Marx
Inclui as cartas de Marx a Ruge
publicadas nos *Anais Franco-Alemães*
Tradução de **Nélio Schneider** e **Wanda Caldeira Brant**
Apresentação e posfácio de **Daniel Bensaïd**
Orelha de **Arlene Clemesha**

Sobre o suicídio
Karl Marx
Tradução de **Rubens Enderle** e **Francisco Fontanella**
Prefácio de **Michael Löwy**
Orelha de **Rubens Enderle**

O socialismo jurídico
Friedrich Engels
Tradução de **Livia Cotrim** e **Márcio Bilharinho Naves**
Prefácio de **Márcio Naves**
Orelha de **Alysson Mascaro**

Publicado em 2018, ano que marca o 110º aniversário de nascimento da filósofa francesa Simone de Beauvoir, que refletiu sobre a liberdade, sobre a condição histórica da mulher e sobre a construção social do machismo, combatendo, inclusive, o preconceito de que às mulheres não seria possível apresentar-se como filósofas, este livro foi composto em Palatino LT 11/14 e Optima 11/14 e impresso em papel Avena 80 g/m², pela gráfica Rettec para a Boitempo, em setembro, com tiragem de 3 mil exemplares.

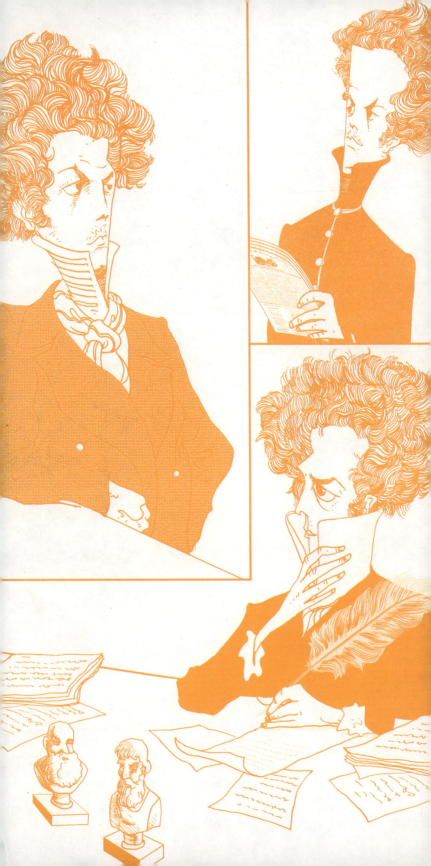